괜찮아 사랑이야

드라마 에세이

괜찮아 사랑이야

드라마 에세이

노희경 극본

김규태 연출

RHK
알에이치코리아

기 획 의 도

사랑에 대한, 인간에 대한 아름답고도 찬란한 이야기

우리는 살면서 수시로 병원에 간다. 감기, 몸살, 눈병, 입병, 하다못해 무좀, 위장장애, 소소한 외상과 때로는 인생을 뒤흔드는 암과 같은 혹독한 병마와 싸우기 위해 검진을 받고, 치료를 하고, 예방에 힘쓴다. 몸에 대한 우리의 관심은 거의 집착증에 가깝다.

그런데 마음에 대한 우리의 관심은 어떠한가? 마음이 감기에 걸리고, 마음이 암에 걸리고, 마음이 당뇨와 고혈압에 걸린다고 한 번이라도 생각해본 적 있는가? 누구나 행복을 원하면서, 행복의 열쇠를 쥐고 있는 마음에 대해선 얼마나 많은 편견을 가지고 방치하고 함부로 대하고 있나? 과학적 근거 없이 극단적인 일부의 사례를 바탕으로 지금까지 정신과 이야기는 스릴러물의 대명사로 각인되고, 무서운, 나와 내 주변엔 절대로 일어나지 말아야 할 무시무시하고도 괴이한 이야깃거리로 인식되어왔다.

그래서 수많은 의학드라마에서도 정신과는 단 한 번도 다뤄지지 않았다. 그렇다면 인구의 80퍼센트가 다양한 신경증(뉴로시스)을 앓고,

나머지 20퍼센트가 인격장애(정신과의사들은 현재 국내외 드라마, 소설, 기타 예술 장르에 표현된 인물들 대부분이 장애를 앓고 있다 말한다.)를 앓는 현실은 어떻게 할 것인가? 이 드라마는 우리가 그간 쓸데없이 숨겨왔던, 다 안다고 하지만 사실은 잘 모르는 우리 마음의 상처, 마음의 병에 관한 이야기다.

외로움이 만든 현대병, 편견과 소통에 대한 감동적인 이야기

우리가 정신과를 가길 꺼리는 숱한 이유는 수많은 종교적·사회적 편견 때문이다. 정신분열(조현증, 바이올린의 현이 조율이 잘되지 않았다는 뜻)을 귀신에 씌었다, 마귀에 씌었다고 하며 방치하고 세상에 대한 미움으로 불을 지르고 사람을 해치는 반인격장애, 반사회적 성격의 범죄자와 마음의 상처를 가진 정신과 환자를 구별하여 못하여 싸잡아 혐오하는 어리석음을 우리가, 우리 사회가 저지르고 있는 것이다. 사람들의 이러한 편견을 과학적으로 쉽게 사례를 통해 보여줌으로써, 우리가 외면했지만 궁금했던 '마음'에 관한 이야기를 해보려 한다.

이 드라마에 나오는 숱한 사례(드라마적으로 각색했지만)—버스나 전철을 타지 못해 학교에 못 가는 학생, 특별한 숫자에 집착하는 남자, 자폐아를 즐겁게 키우지만 사실은 모든 걸 버리고 혼자 떠나고 싶어하는 엄마, 남녀의 성기에 집착하는 남학생, 명문 고등학교에 입학했지만 원인 모를 편두통에 시달리는 여학생, 수십 번의 암 치료로 우울증을 앓는 엄마, 변태성욕자로 오인받는 남자, 정신분열을 앓는 아내와 함께 아이를 임신하기 위해 애쓰는 남자와 그를 돕는 여의사 등등—를 보며 사람들은 처음엔 다만 웃기고, 황당하고, 기이하게 느끼며 수다를 떨 것이다. 그러다 결국에는 수많은 정신과의사들의 증언처럼 "환자, 피상담자를 통해 내 상처가 치유되었다. 환자와 의사, 상담자와 피상담자의 구분은 얼마나 유치하고 어리석은가."라고 말하게 될 것이라 확신한다. "나만 힘든 게 아니다, 너도 힘들었구나. 나만 외로운 게 아니었구나, 사람이란 게 원래 그렇게 외로운 것이었구나. 죽고 싶은 게 아니라 살고 싶었던 것이구나. 나도 너도 알고 보니 참 괜찮은 사람이었구나. 내가 이상한 게 아니라 조금 특별했구나." 라고 노래하는 즐겁고도 따뜻한 이야기가 될 것이다.

사랑이 전부가 아니라면 무엇이 우리의 전부가 될 수 있을까?

돈이 없는 상대를 우리가 사랑하게 된다면? 몸이 아픈 상대를 우리가 사랑하게 된다면? 성격이 불같은, 모난 상대를 우리가 사랑하게 된다면? 정신증을 앓는 상대를 우리가 사랑하게 된다면? 대부분의 사람들은 그들에게 이렇게 말할 것이다. "사랑에 눈이 멀었군요."

그러나 사랑이 돈이 있어야 하는 거라면, 몸이 건강하고 정신이 완벽해야만, 마음이 아프지 않아야만 가능한 거라면, 사랑이 뭐 그리 대단한 것이겠는가?

주인공 장재열은 자신이 멀쩡하다 여긴다. 지나간 상처를 완벽히 이겨냈다 자신하며, 누가 봐도 잘 살고 있다. 그러나 그는 자신도 알지 못하는 죄책감과 밝혀져선 안 될 진실을 숨기려, 루게릭의 통증에 갇히게 된다. 뇌에 이상은 없으나 통증은 그대로 느끼는(상상임신, 스트레스성 위장장애처럼), 마음의 병을 앓는 것이다. 결국 그는 자신이 알지 못하는, 그러나 스스로에 의해 죽음으로 내몰리게 된다.
어느 날 사랑하는 남자가 정신적 병증을 갖고 있음을 인정하며, 자신이 범인이라는 오류 속에 꽁꽁 갇힌 장재열을 과학적이고도 치밀하게 치료해내는 정신과의사 지해수를 통해 사랑에 대한, 인간에 대한 아름답고도 찬란한 드라마를 쓰고 싶다.
내가 살면서 반드시 사랑해내야 할 단 사람, 누구보다 나 자신. '나'를 찾아 떠나는 주인공의 아름답고도 격한 질주에 동행하는 무더운 한여름의 소낙비 같은, 인간애 깊은 정신과 여의사를 통해서 우리 모두가 치유받길 간절히 바라본다.

차 례

캐릭터 소개

장재열 _ 조인성

30대 초반, 인기 추리소설 작가, 라디오 DJ

뇌까지 따뜻한 따도남. 침대에서 자지 못하고, 몇몇 색깔에 집착하는 강박증이 있지만 사회생활엔 전혀(?) 문제없다. 양태용과 출판사 공동대표이며 해수와 동민이 살고 있는 건물의 공동 소유주다. 잘생긴 외모와 달리, 뜨거운 에로 표현과 잔인한 장면이 난무하는 추리소설을 쓰는 작가로 유명하다. 그 명성에 힘입어 인기 시간대 고정 라디오 DJ로도 활약하면서 누가 봐도 멋있고 로맨틱한 남자의 표상으로 자리 잡았다. 어느 날 그의 팬이라는 강우 놈이, 보기 싫은데도 굳이 봐달라며 내민 소설에 그의 과거사가 고스란히 쓰여 있는 게 아닌가. 또 이 여자, 지해수는 뭔가? 끝없이 그의 성질을 살살 긁으며 다가오는 이 여자, 간만에 만만찮은 여잘 만나니 살짝 흥분이 된다. 그는 기꺼이 그녀의 홈메이트가 되기로 한다.

지해수 _공효진

30대 초반, 대학병원 정신과 펠로우 1년 차

매일 산전수전 공중전까지 다 겪는 정신과의사. 쿨하고 시크하고 툭 하면 화를 내서 동료들에겐 위험한 의사로 통하지만, 타고난 통찰력이 있다 평가받는다. 요즘 그녀는 머리가 멍하다. '내가 과연 정신과 의사로서 적합한가?' 정답이 없는 문제지를 푸는 것 같은 기분이 들고, 의사보다 환자의 의지가 중요한 것도 짜증이 나는 부분이다. 그러던 어느 날, 장재열을 만났다. 추리소설 작가와 정신과의사의 만남이라는 말도 안 되는 주제로 열린 토크쇼에 조동민 대신 나갔다가 만났다. 근데, 이 남자 진짜 재수덩어리다. 정신과의사들을 사기꾼 정도로 취급하며 그녀를 공격하는 게 아닌가? 그녀는 웃으며 잘근잘근 씹어주었다. '나는 이 놈을 토크쇼 말고는 볼 일이 없으니까!' 그런데 이게 뭐야? 이후에 놈과 또 대면을 하게 되더니, 며칠 후 새로운 홈메이트라고 들어온 인간이 바로 장재열이 아닌가? 오, 마이 갓!

조동민 _성동일

40대 초반, 정신과 개업의

해수의 첫사랑. 해수가 다니는 대학병원의 정신과의사 영진과 결혼해 3개월 살고 성격 차이로 이혼, 그 후 첫사랑인 지금의 아내와 결혼해 딸 하나를 낳았다. 아내와 딸은 현재 미국에서 공부 중이라 기러기아빠다. 해수와 홈메이트. 학부 때부터 초지일관 '똘끼 종집합'이란 별명답게 괴팍하기 이를 데 없는 의사다. 처방도 진료도 제멋대로라 대학병원에 재직 당시 퇴사 권고를 받고 개업의가 되었다. 그런데 같은 의사들끼리도 고개를 젓는 이 사람을, 환자들은 죽어라 좋아한다. 자신이 번 돈의 대부분을 길거리 청소년들에게 쓰고 있다. 청소년 범죄를 저질러 교도소에 간 아이들에게 무료로 상담을 해주다가 양태용의 권유로 장재범을 만났다. 소년범으로 거의 평생을 감방에서 산 이 남자. 그는 이 남자의 심리가 궁금해진다.

박수광 _이광수

20대 후반, 카페 종업원, 투렛증후군 환자

긍정적인 성격에 시크한 매력을 지닌 상남자가 꿈이다. 그의 투렛증후군은 일곱 살 때 처음 발병되었다. 초등학교에 처음 가던 날, 줄을 서서 번호를 말하는데 갑자기 이유 없이, 그도 인지하지 못한 상황에서 "쌍! 598, 킁킁, 악" 같은 소리를 연달아 내며 몸을 떤 것이다. 이후 자라면서 자연스레 없어질 수도 있는 병이라는 사실을 뒤늦게 알고, 몇 년 전 조동민의 병원을 찾아가 약을 먹고 집단치료도 게을리하지 않았다. 그의 노력에 감복한 조동민이 홈메이트를 제안해서 현재 같이 살고 있다. 점점 안정을 찾아가는 그에게도 한 가지 고민이 있다. 바로 여자 문제. 1년 동안 짝사랑하고 있는 소녀 때문에 남모르는 가슴앓이를 많이 했다. 품행장애에, 양다리를 아무렇지도 않게 제안하는 소녀와 순탄하게 사랑할 수 있을까?

이영진 _진경

40대 초반, 대학병원 정신과의사(교수), 조동민 전처

따뜻하고, 남의 말 잘 들어주고, 객관성보다는 공감이 우선되어 환자를 치료해야 한다고 생각하는 모범적인 정신과의사다. 남들은 조동민을 의사로서 위험하다 하지만, 그는 조동민처럼 자유롭고 싶은 게 사실이다. 그래서 결혼했는데, 그녀는 자신의 한계를 깨달았다. 그녀는 제멋대로인 조동민을 참을 수 없어서 그와 이혼했다. 조동민은 쿨하게 그날로 짐을 싸서 나가더니, 6개월 만에 첫사랑과 재혼했다. 그녀는 "괜찮다, 괜찮다."를 연발했지만, 그 배신감으로 슈퍼바이저를 찾아가 2년 동안 상담을 받았다. 지금은 정말 괜찮은 수준이다. 조동민이 의사로서의 자신을 성숙시켰다 믿는다. 해수가 조동민을 닮은 게 좋다. 자유롭고 가볍고, 무엇보다 상처가 깊은 게 싫지 않다. 상처가 깊으면 깊을수록 남을 이해하는 폭도 넓으니까.

한강우 _도경수

18세, 고등학생, 소설가 지망생

소심하고 심약하지만 미소년처럼 맑은 웃음을 지녔다. 그는 불운한 과거를 딛고 최고의 작가가 된 사람, 장재열의 상상이 만들어낸 환시다. 하지만 장재열은 강우를 진심으로 아끼고 애잔해하면서 '현실 속 인물'이라 굳게 믿는다. 어쩌면 강우는 장재열이 자신의 형에 대한 죄책감, 미안함, 과거 가정폭력에 시달리던 힘없는 자기 자신을 달랠 길이 없어 보게 된 환상일지도 모른다. 3년 전, 장재열이 형 장재범의 포크 공격에 상처를 입었을 때 처음 마주한 이후로 강우는 불쑥불쑥 재열 앞에 나타난다. 그리고 재열에게 자신이 쓴 소설도 들이밀고, 해수와의 연애 스토리를 해맑게 궁금해한다. 어린 시절 아무도 도와주거나 다독여주거나 안아주지 않던 자기 자신과 닮은 강우. 애틋한 이 아이를, 장재열은 챙기고 지켜주려 한다.

장재범 _양익준

30대 후반, 재열의 형, 수감 중

겉보기엔 야비하고 포악해서 극 중반까지 장재범은 이 드라마의 주적처럼 보이지만 극 후반, 가장 안쓰러운 인물이다. 살인사건 발생 전엔 마냥 문제아였지만, 그는 사건이 날 때 '자신이 범인'이라고 위증을 해 동생을 감싼다. 살면서 그가 가장 잘한 일은 그것이다. 그리고 살면서 그가 가장 잘못한 일도 그것이다. 동생도 동생이지만, 엄마가 밉다. 3년 전 클럽에서, 춤을 추고 있는 재열을 봤을 때 정말 죽이고 싶었다. '나는 감방에서 사는데, 너는 춤을 추며 사는구나……'. 그 생각에 동생을 포크로 찔렀고, 그 일로 다시 수감되었다. 그는 동료들에게도 툭하면, 감방을 나가 동생도 엄마도 가만두지 않을 거라 말한다. 그런데 조동민이란 의사가 그를 상담하고 싶다며 계속 들락날락한다. '이 인간이, 나를 믿는단다. 내가 범인이 아니란 걸.'

오소녀 _이성경

19살, 재열의 카페 아르바이트생

툭하면 학교 안 가고, 애들 삥 뜯고, 그러다 전학생을 몇 대 때렸는데 그 일로 학교를 그만두고 제 맘대로 산다. 아빠는 학교를 그만뒀다 해도, 그랬냐 하며 쓰레기만 줍는다. 세상 무서울 게 없다. 길거리에서 만난 재열이 좋아 그냥 그 집에 들어앉았는데, 해수가 뭔가 멋있단 생각이 든다. 손가락도 길고, 엄마 냄새도 난다. 해수는 이 꼬맹이 때문에 돌 지경이다. 하지만 그건 그녀의 사정이다. 이 집에 물주(?) 박수광도 있고 학교에 강연 와서 '품행장애'라는 근사한 병명까지 선물해준 조박사님도 있고, 무엇보다 재밌어서 좋다. 그들 앞에 얼씬거리다가 알바 자리도 얻고, 해수는 화장품에 밥까지 사준다. 놀려먹기 좋은 박수광이 자꾸 눈에, 가슴에 거슬리긴 하지만, 왜 껌딱지처럼 이 집 사람들 근처에 들러붙고 싶은 것일까?

해수 母_김미경

50대 후반

식당을 운영한다. 죽어라 사는 억척이다. 거침없고 밝다. 세상에서 자식보다 애 아빠가 좋다. '내가 가끔 구박해도, 나만 보면 늘 웃는 사람. 말도 못하고 아이처럼 나만 바라보며 웃는 사람. 어린 시절, 절 버리고 딴 남자 만나다 상처받아서 온 날 품어준 사람. 안 아플 때는 아빠 같고 엄마 같던 사람.' 근데 그녀는 아픈 남편을 두고 애 아빠 친구 김 사장과 바람을 피웠다. 먹고살려고 그런 것도 있었지만 솔직히 여자로서 사랑도 했다. 지금은 김 사장과 헤어졌다. 아내가 암에 걸렸다며, 이젠 아내에게 전념하겠다며 떠나버렸다. 아프지는 않다. '그는 나한테 의리를 지켰다.' 그런데 딸 해수가 문제다. 평생 아픈 남편을 곁에 두고 힘겹게 살아온 자신을 보고도 딸 해수가 그 길을 걷겠다 하니 미칠 노릇이다.

재열 母 _ 차화연

50대 후반

따뜻하고, 말수가 적다. 큰아들 재범이가 감방에 가고 나서부터 늘 집 안의 문을 열어놓고, 겨울에도 찬방 모서리에서 담요 하나만 덮고 잔다. 폭력적인 재혼남으로 인해 지옥 같은 가정생활이 끝났지만, 큰아들 재범이는 살인범으로 수감됐다. 그리고 출소 후 친동생 상해 건으로 현재 복역 중이다. 살인사건 자체를 기억 못하는 작은아들을 위해, 큰아들에 대한 변론을 묵비권으로 일관했다. 죽고 싶었지만, 죽으면 정말 가만 안 둔다는 재범이의 말 때문에 참았다. 재범이가 출소하면 기쁘게 맞을 생각이다. 매일 재범이가 오면 건넬 첫마디를 진심을 담아 따뜻하게 연습한다. "재범아, 엄마가 미안해. 동생은 잘못 없어. 정말 미안하다." 그리고 밥 한 상을 차려 재범이에게 먹일 수 있다면 더는 바랄 게 없다고 여긴다.

최호 _도상우

30대 초반, 방송국 예능국 피디

해수의 애인. 친구의 소개팅으로 해수와 만난 지 300일째 되어가고 있다. 해수와 300일 되는 날 기념으로 집에서 지인들과 첼시 경기를 보던 중, 홈메이트 재열의 발설로 양다리 행각이 폭로되고 만다. 토크쇼 녹화 날, 무대 뒤에서 키스하는 그와 조연출을 재열이 본 것이다. '나쁜 놈, 그럼 사내답게 나한테 말하지, 사람들도 다 있는데 폭로라니!' 그 일로 해수에게 매달려도 봤지만 호되게 차인다. 그러던 어느 날, 조동민의 청소년 범죄자 심리 프로젝트에 가담하게 된다. 물론 방송국으로부터 오더를 받은 일이다. 그는 그때 장재범을 만나고, 장재범을 취재하던 과정에 그가 재열의 형이란 사실을 알게 된다. 그런데 이게 무슨 일인가! 취재 과정 중 그는 재범의 담당 국선변호사(현재는 퇴직)로부터 재열이 범인일 거라는 말을 듣게 되는데…….

양태용 _ 태항호

30대 초반, 출판사 사장

재열의 유일한 친구. 재열과 공동대표로 출판사를 운영하고 있다. 어려서 재열의 동네 고아원에서 자란 그는 재열의 엄마를 친엄마처럼 따르고, 말썽꾸러기 재범 형을 우상처럼 여겼다. 근데 형이 살인을 저지른 것이다. 일은 거기서 안 끝나고, 형은 자꾸 재열이가 범인이란다. 이게 다 무슨 소리인지……. 그는 엄마에 대한 의리, 형에 대한 의리로 매달 재범을 면회한다. 그때마다 형은 나가기만 하면 엄마도 재열이도 가만 안 둔단다. 그러더니 3년 전엔 진짜로 출소해, 포크로 재범의 어깨를 찍어버린 것이다. 그리고 다시 수감. 그리고 다시 나올 날이 이제 두 달 정도밖에 안 남았다. 그는 형의 정신 상태가 의심스럽고, 어떻게든 형의 잘못된 상태를 고쳐주고 싶다. 그래서 형의 상담을 조동민에게 부탁한다.

프 롤 로 그

정말, 사랑이 저들을 구할까?

그럼.

너도 사랑 지상주의니?

사랑은 언제나 행복과 기쁨과 설렘과 용기만을 줄 거라고?

고통과 원망, 아픔과 절망과 슬픔과 불행도 주겠지.

그리고 그것들을 이겨낼 힘도 더불어 주겠지.

그 정도는 돼야, 사랑이지.

그건 또 누구한테 배웠니?

사랑한테 배웠지.

part 1

“
괜찮아,
네 잘못이
아니야
”

재열의 이야기

내가 강한 척해도 의붓아버지의 폭력이,
형의 폭력이 정말 많이 무서웠구나.
엄마가 맞는 걸 보면서도 아무것도 할 수 없는 내가,
힘없는 내가 참 싫었구나.
맨발로 들판을 도망칠 때 울지 않아도,
나는 너무너무 무서웠구나.

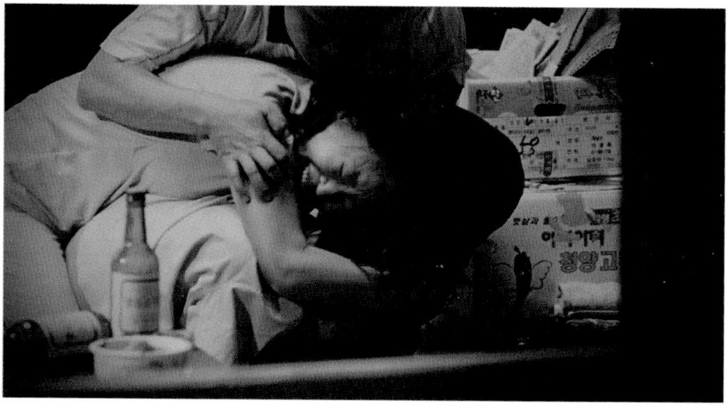

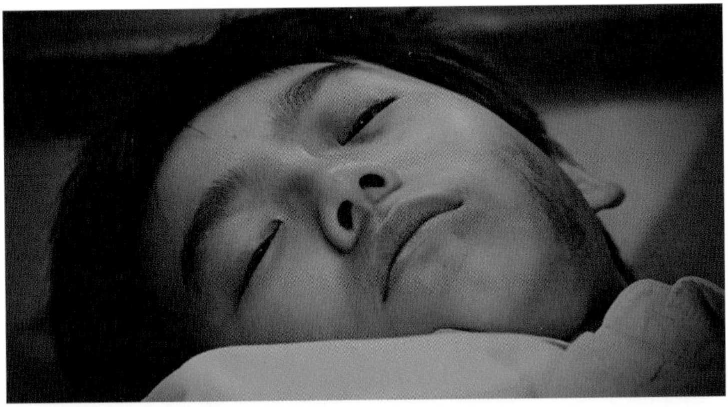

재열이가……

이 인간을 찔렀어…… 엄마.

우리가 지난 상처를 기억하듯
과거의 트라우마가, 상처가
현재의 우리 발목을 잡는다는 애기지.

반드시 지금은 아니더라도, 어느 순간 장애가 발현될 거야.
숨겨둔 마음의 상처는 언제든 반드시 사람을 병들게 하지.
그래서 무서운 거고.

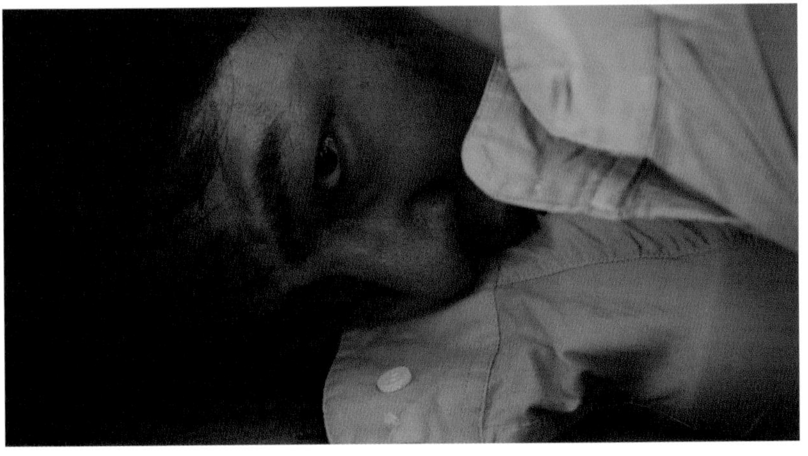

의붓아버지 사건이 나고 나서

일부러 밝게 밝게 긍정적으로 살자,

불쌍한 엄마를 위해서 약해지면 안 된다,

매일 거울 보고 웃기지도 않는데 웃는 연습하고,

농담하는 연습하고, 싸우는 거 연습하고, 마초 흉내 내고…….

사막의 낙타 알아요?

알아. 트라우마에 얽매여 평생 묶여 사는.

아침이 돼서 주인이 끈을 풀어도

끈이 묶여 있던 밤을 기억해서 떠나지 못하는.

저는 그런 낙타가 되기 싫었거든요. 태양이 뜨면 뜬 줄 알아야지.

그래서 마인드 컨트롤을 하죠. 내 과거는 지나갔다! 없다!

난 자유다, 강하다! 무지 강하다!

어둠을 몰아내는 태양처럼, 환하고 밝게!

너한테 사랑은

철저히 그 사람 앞에선 마음 놓고 초라해져도 되는 거고,

잘난 척 않고 의지해도 되는 거지만, 난 아냐.

어려서 의붓아버지한테 엄마랑 함께 맞을 때 맹세했거든.

다신 그 어떤 누구 앞에서도, 초라해지지 않겠다.

저는 그동안 남에게는 "괜찮으냐?" 안부도 묻고
잘 자라는 굿나잇 인사를 수없이 했지만,
정작 저 자신에게는 단 한 번도 한 적이 없거든요.
여러분들도 오늘 밤은 다른 사람이 아닌,
자신에게 "너 정말 괜찮으냐?" 안부를 물어주고
따뜻한 굿나잇 인사를 하시면 좋겠습니다.

그럼 오늘 밤, 굿나잇, 장재열.

해수의 이야기

나는 엄마가 아빠 아닌 딴 남자랑 20년 넘게 불륜하는 걸 봐서…….
섹스는 나쁜 거란 생각을 하는,
정말 이상하고도 끔찍한 병을 앓고 있다고!

내 정확한 병증은
불안장애랑 관계기피증이야.

니가 나 좀 봐달라고, 힘들어도 도와달라고,
나도 이 기분 더러운 병에서 벗어나고 싶다고
내가 울며 빌며 말했었지!

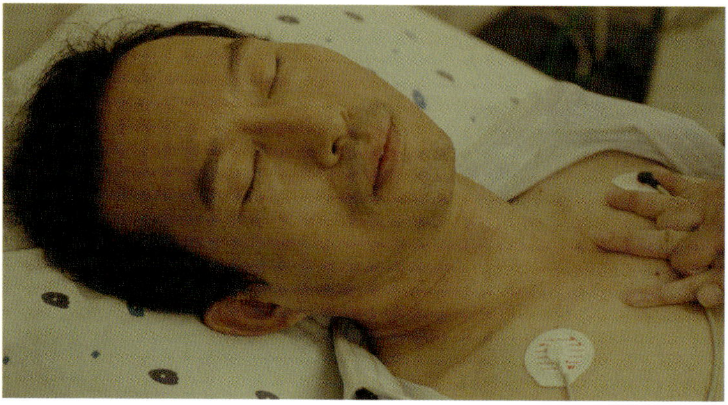

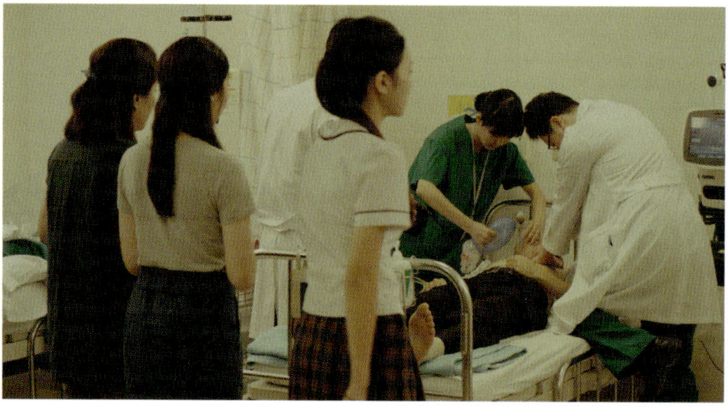

30년을 뛰어넘고 싶었어.
환자들이 엄마를 미워하다 사랑하고
죽이고 싶던 남편을 이해하고
그렇게 자신들의 병을, 상처를 뛰어넘을 때
수십 년 어두웠던 얼굴이
한순간 빛처럼 환해지는 걸 보면서…….

전신마비에 지능이 서너 살이 된 남편과
가난한 집안에서 의대를 가겠다는 이기적인 딸.
그런 엄마가 김 사장님한테만은
위로를 받았겠구나 싶은 생각이 들면서,
울 엄마 참 많이 외로웠겠다 싶더라.
그냥 다 처음 살아본 인생이라서 서툰 건데,
그래서 안쓰러운 건데, 그래서 실수 좀 해도 되는 건데.

너무나 예쁘고 섹시하고 멋있고 젊어서 서로를 사랑하는 게 아니라
그냥 단지 너여서, 단지 그라서, 부족하고 괴팍하고 늙었지만,
그럼에도 불구하고 사랑하는 관계가 정말 전 감동이었거든요.

저 사람들이 이 불행을 정말 잘 이겨낼까요?
그럼, 사랑이 불행을 이길 힘을 줄 테니까.

굿나잇, 지해수.

재범의 이야기

미친 새끼, 죄만 저지르고 돌아다니면서 동생 밥을 왜 처먹어?

또 그 인간한테 처맞았냐?! 눈두덩은 왜 그래?

엄마한테 처맞았냐가 뭐야! 처맞았냐가!

나는 정말 2, 3년만 감방에 있을 줄 알았어.
근데 11년 형을 주더라고, 판사 새끼가.
그래서 진실을 말했지. 재열이가 그랬다고.
근데 그놈이 엄마랑 짜고, 날 배신했어.

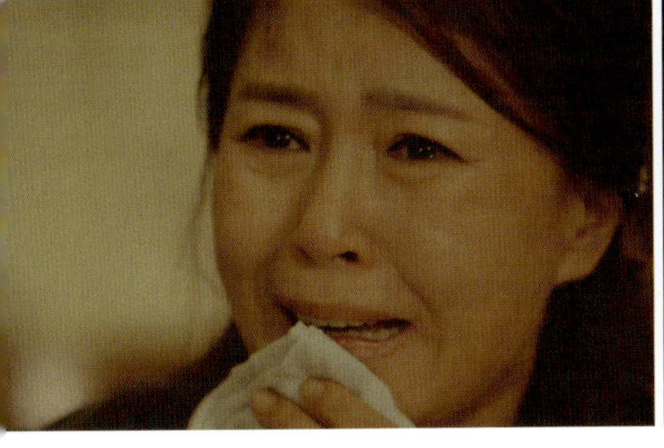

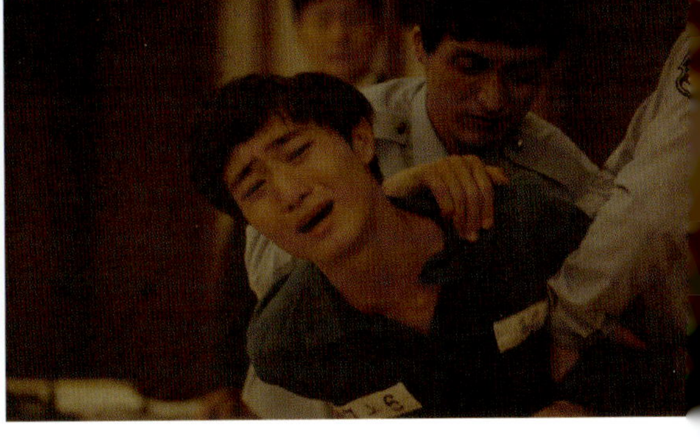

여기 들어와서 딱 8개월 만에 반백.

그리고 다시 두 달 만에 올백. 내 나이 스물한 살 때.

아픈 덴 없는데, 나 왜 이래? 할배들처럼?

"나는 아주 아름다운 세상에서 살 수도 있었는데,
왜 이렇게 지도에도 없는 길을 가야 하나.
언제까지 이렇게 불행하게 살아야 하나.
내 머릿속에 든 건 오직 하나였다.
어떡해야 정상적인 인생을 살 수 있을까."

권기태 作《일 분 후의 삶》中

요즘 그 생각이 부쩍 자주 나면서
그때 우리가 둘이 부여잡고 울었어야 됐나,
재열이가 아픈 게 그때 못 울어 병난 게 아닌가 싶은 생각이…….
등이나 닦아!
어머! 야, 재범아! 너 검은 머리 나나 봐. 야, 너 검은 머리 올라와!

빵에서 내가 먹고 싶은 밥 안 먹고 밥풀로 만든 거야.

그거 갖고, 울지 마.

"희망은 결코 당신을 버리지 않는다.
다만 당신이 희망을 버릴 뿐이다."

수광의 이야기

내가 투렛이라고 평생 나를 미친놈, 그 정도는 참으면 되지, 그걸 못 참고 지랄을 뱉어낸다고 하는 울 아빠가 생각나면서. 나도 알거든. 버려지는 게 뭔지.

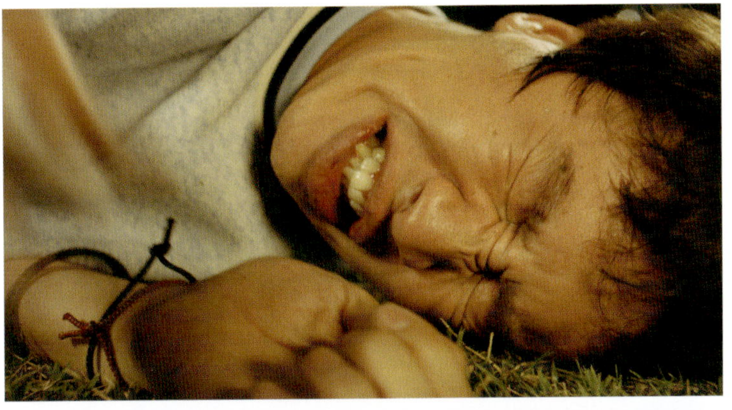

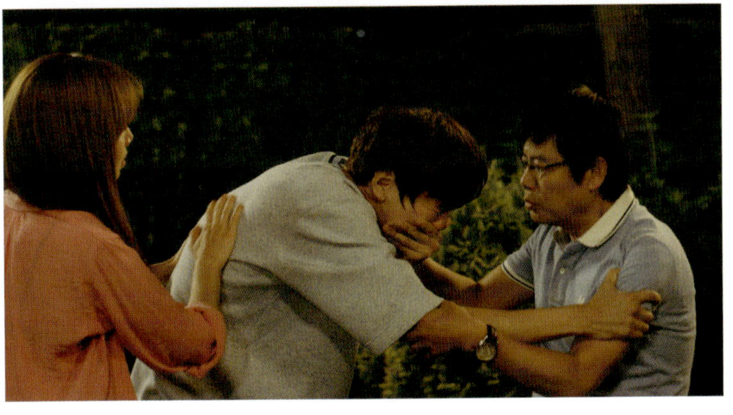

아빠 잘못이 아니라고요!

나는 행복하니까, 아빠도 행복하라고요!

다 헝클어진, 뒤죽박죽 쓰레기통 같은 뇌를 가진…….

부모 · 형제도 못 알아보고, 사랑하는 사람도 못 알아보고,

남을 해코지하고도 죄책감이 없는…….

하지만 우린 이렇지 않아.

대부분 정상이고 일부분만 아프지, 인정해?

울 아빠는 내가 싫고 부끄러운 게 아니라, 그냥 속상한 거야.

아이고, 드디어 오래된 감기가 지나가네.

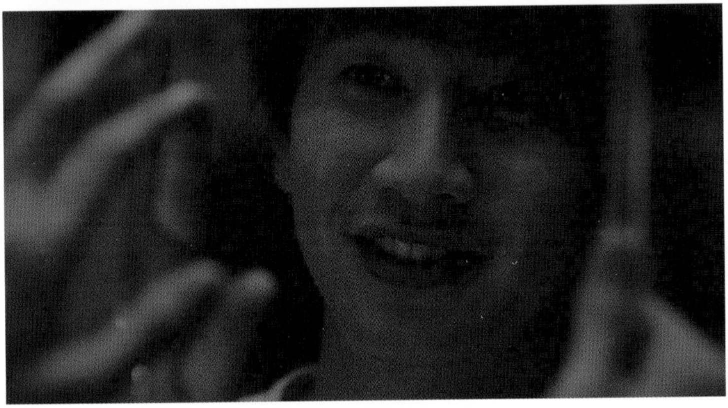

굿나잇, 박수광.

강우의 이야기

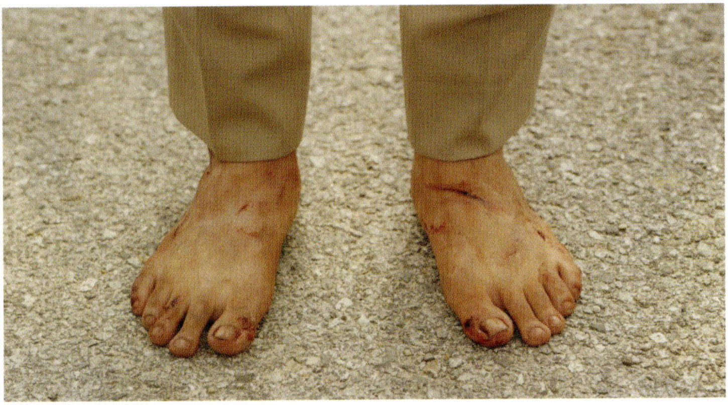

도망가랬지,

아버지가 때리면 도망가랬지!

엄마가……

엄마 데리고 도망가면 되잖아!

그냥 놈을 보면, 어렸을 때 나 같아. 놈 생각하면 맘이 아프고.
어려서 엄마가 의붓아버지한테 맞을 때 도움받을 데가 없었던 게
생각나면서. 나라도 이놈을 지켜주자 싶은 마음이 들어.

그동안 작가님 때문에 정말 행복했어요.

아무것도 아닌 놈을 늘 챙겨주고, 이뻐해주고…….

세상 사람 아무도 안 그러는데.

안녕, 한……강우.

한 트렌스젠더의 이야기

반드시 이해할 사람은 부모님보다 먼저 자기 자신이에요.

한 여자가 맞았어요. 부모·형제에게 집단으로. 이유는 단 한 가지, 자신을 이해하는 못하는 사람들에게 이해받기 위해. 얼굴에 피멍이 들고 다리가 부러졌는데 그 여자는 그들을 이해한다며 집에 돌아간다고 해요. 이번에 집에 돌아가면 머리가 깨질지도 모르는데, 다리가 아니라 허리가 꺾일지도 모르는데, 괜찮다고, 부모·형제니까 맞는 게 당연하다고, 그러니 좀 더 맞겠다고. 도망가요. 그게 의사로서의 내 처방이에요.

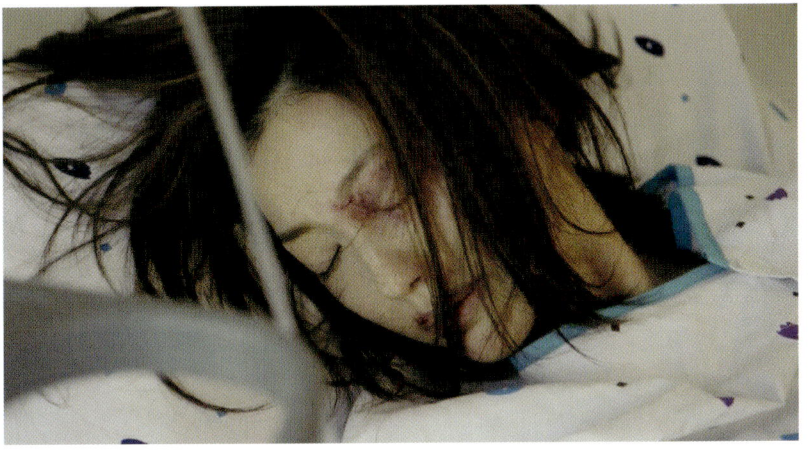

한 결벽증 환자의 이야기

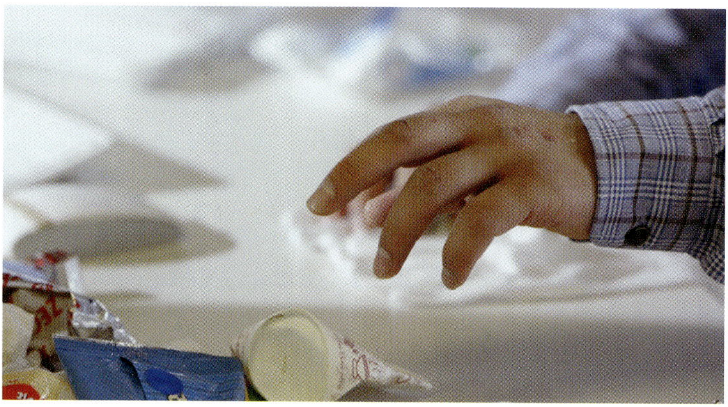

마음의 병은 수시로 옵니다.
그걸 인정하고 서로가 아프단 걸 이해해야 해요.

왜 만져야 하는지? 그냥 나는 이대로 살아도 되는데.
그대로 살다간 씻다 죽을 걸요. 그냥 가볍게, 해봐요.
어떻게 그냥, 가볍게 해요?

한 환시 환자의 이야기

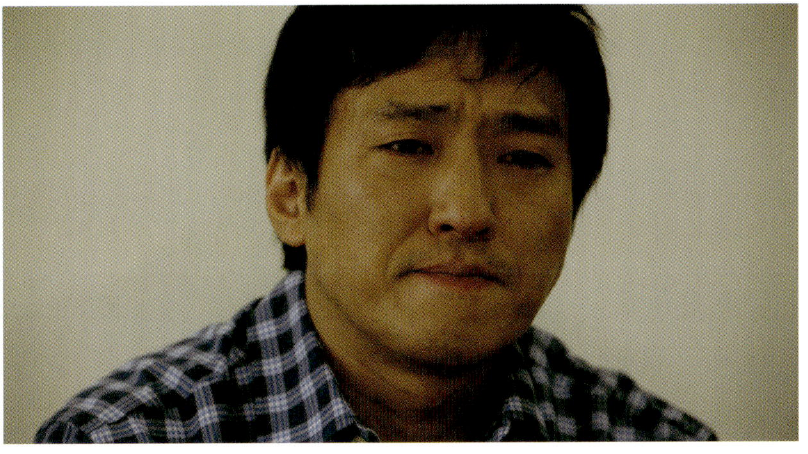

최면요법을 하면, 환자가 정말 죽은 아이를 안 보게 될까요?

그런데 완벽하게 애기가 죽은 걸 인정하게 되면

심한 우울증에 빠질 수도 있는 게 문제지.

이 불행 이겨낼 수 있어요.
남편이 있으니까.
애기는 좋은 데 갔어요, 믿으세요.

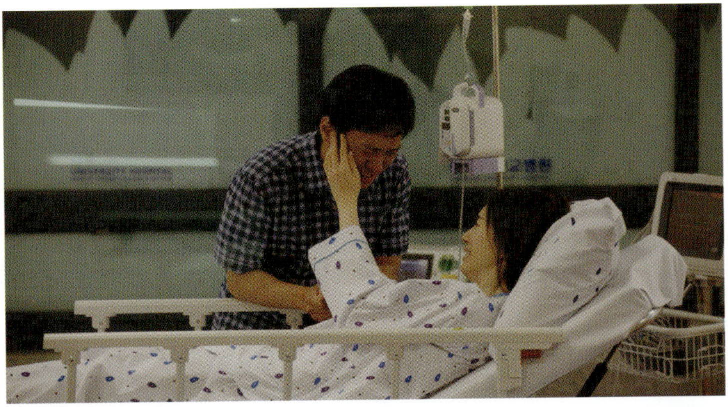

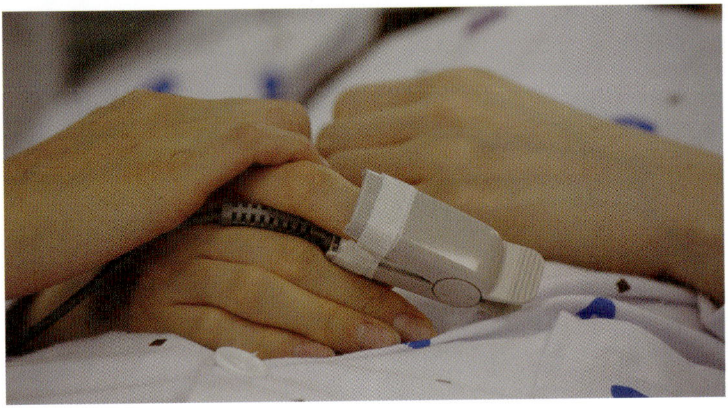

한 집착증 환자의 이야기

엄마가 애인이랑 옆방에서 자는 걸 봤어요. 내가 자는 줄 알고.
엄마가 날 버리고 떠날 거 같아서, 두려웠…….
시간이 필요해요, 엄마를 이해할 시간이…….

넌 아직 어리고, 시간도 많고,

무엇보다 의지가 있는데, 뭐가 문제야?

암도 고치는 세상에?

선생님이 하신 말씀,

병이 나으려면 약보다도, 내 의지가 중요하다,

그 말을 기억했죠.

선생님이 고친 수많은 환자들, 잊지 마세요.

기운 내고요.

공유 정신병적 장애를 앓는 한 부부의 이야기

결혼했어요?

아뇨.

그럼 말 못해요.

결혼하지 않은 사람은 이해 못해.

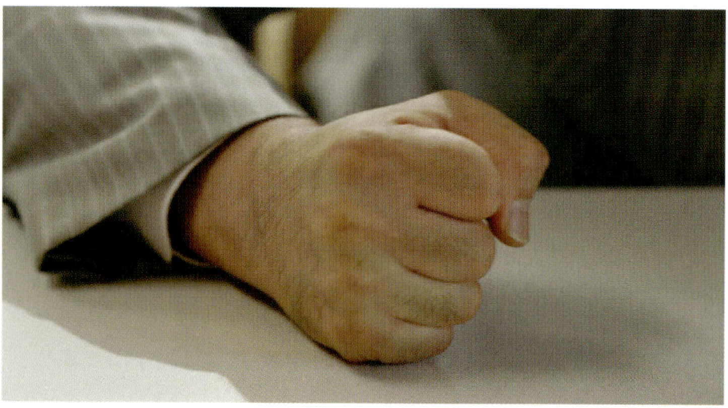

우리 나이에 살다 보면 이런 일쯤…… 뭐, 별거 아니니까.

근데 내가 왜 바퀴벌레를 봤는지 이해가 안 돼요, 난 정말 괜찮은데.

아버님, 안 괜찮은 일이에요.

이긴요, 아버님, 화낼 일이고, 울 일이에요.

과거는 지나갔다.

나는 오늘도 멈추지 않고 걷는다.

part 2

“ 괜찮아, 사랑이야 ”

재열과 해수

내가 뭐 잘못했어요?

그랬다면 사과하려고. 너무 까칠하셔서.

아주 깐족깐족 사람을 들었다 놨다…….

삶이 우릴 힘들게 할 때, 우린 세상에 내가 살 방법은
전혀 없다고 생각합니다. 희망은 극한 순간에도 늘 있습니다.
장 작가님의 책 주인공처럼 편협한 사고를 갖지 않고
다양한 사고를 갖는다면, 마음이 아플 때, 마음에 감기가 들 때
정신과를 찾아오시는 것도 희망차게 사는 방법 중 하나일 겁니다.

좀 뜬금없지만, 나 그쪽 살짝 맘에 드는데…… 어쩌지?

어쩌긴요, 곧 맘에 안 드실 거예요.

내가 이런 매너남인 걸, 지구상의 모든 여자가 알아야 할 건데…….
햇빛 아래서 보니까, 제법 귀엽게 생겼네.

저 여잔 사랑할 때 나오는 옥시토신이
단 한 번도 분비된 적이 없는 여자예요.
넘 뾰족하잖아, 장담해.
내가 한번은, 어디서든, 꼭, 반드시 만나자고 했었는데…….
기억하나 모르겠네?

태양이 자신을 중심으로 돈다고 생각하는
자기애성 인격장애자.

내가 만만하니?

말했을 텐데? 받은 대로 준다고.

엿 먹이면 엿. 홈메이트로서 충고 하나 할게.

성질이 그러니까 남자한테 차여.

왜, 이제야 술이 땡겨?

성기 그리는 게 뭐 나빠? 그림인데.

그래 안 나쁘지, 그게 뭐가 나빠, 사람을 죽인 것도,
다치게 한 것도 아니고, 그냥 그림인데? 야, 자기 괜찮다?

착하고 성실한 사람은 자식한테 상처 안 줘?
천사 같은 울 엄마도 가끔 나한테 상처 주는데?

뭘 그걸 상상하고 상상하고, 다짐하고 다짐해,

그냥 하면 되지? 가볍게?

담에 사랑을 하면, 그냥 느껴봐.

계획하지 말고, 다짐하지 말고…….

니가 30년 동안 사랑을 못했다고 해도,
300일 동안 공들인 사랑이 끝났다고 해도, 괜찮다고.
다시 사랑을 느끼는 건 한순간일 테니까. 친구.

넌 내 불안장애가 재밌니? 인생 그렇게 살지 마.

한 번만 더 어젯밤처럼 나 건드림 죽는다.

그래도, 난 어제 너 잘 때 좀 설렜는데…… 알았어.

자꾸 개바람둥이, 개바람둥이 하지 마, 바람둥이한테도 지조가 있어.

지조?

북서풍, 편서풍, 남동풍. 바람도 막 부는 게 아냐,

방향 정해놓고 불어. 뭘 알고나 말해.

확인시켜줘? 내 방향, 너한테로 확실하게 한번 정해볼까.

내가 얼마나 지속적으로, 훅훅 부는지, 볼래?

내 방 노크 세 번. 아님 전화벨 세 번.
나랑 더 진행할 마음이 있으면 넌 그것만 해.
전화벨, 세 번 울린 거 들었어?
나, 지금 곧 집으로 가는 117번 버스를 탈 거야.

남녀가 사랑을 하면서

인생의 미묘한 법칙들을 얼마나 많이 배우는지, 알아?

첫 번째, 기분이 좋아.

두 번째, 인내를 배우지.

세 번째, 배려.

나와. 가자.

너도 사랑 지상주의니?

사랑이 언제나 행복과 기쁨과 설렘과 용기만을 줄 거라고?

고통과 원망, 아픔과 절망과 슬픔과 불행도 주겠지.

그리고 그것들을 이겨낼 힘도 더불어 주겠지.

그 정도는 돼야, 사랑이지.

그건 또 누구한테 배웠니?

사랑한테 배웠지.

내 화장실에 여자랑 있는 거 첨이야.
이렇게 내 얘길 하는 것도 별로 익숙하지 않은 일이고…….
근데 편하네, 숨길 게 없으니까.

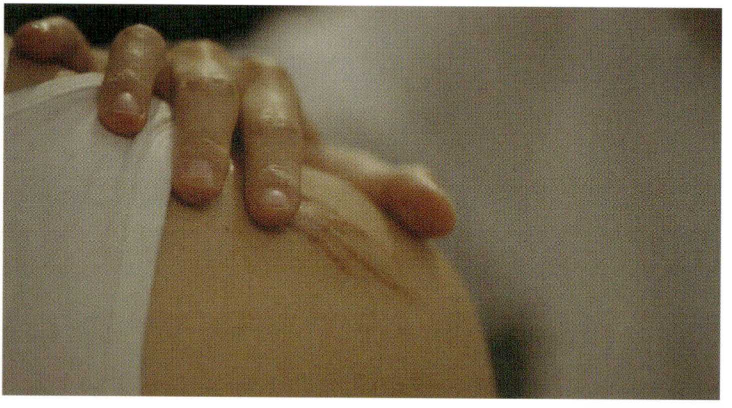

사막의 유목민들은 밤에 낙타를 이렇게 나무에 묶어두지.

근데 아침엔 끈을 풀어. 보다시피.

그래도 낙타는 도망가지 않아.

나무에 끈이 묶인 밤을 기억하거든.

우리가 지난 상처를 기억하듯.

과거의 트라우마가, 상처가 현재의 우리 발목을 잡는다는 얘기지.

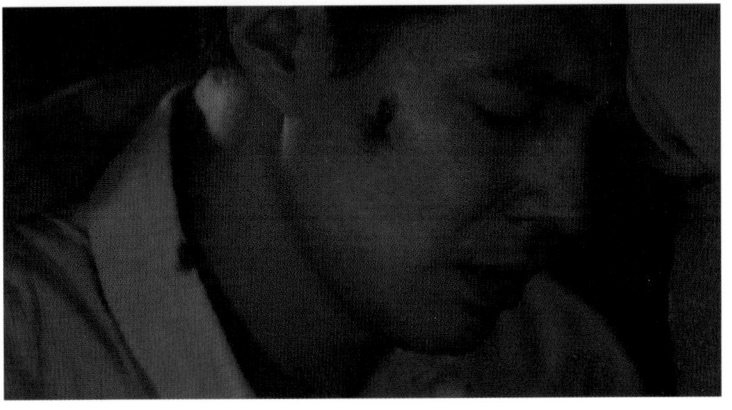

난 하루에도 수십 건,

세상에 벌어지는 오만 가지 맘 아픈 사연들을 가진 사람들을 만나.

너희 집에도 사람이 살다 보면

벌어질 수 있는 일이 벌어졌구나, 생각해.

저렇게 여행 다니다 둘이 헤어지면

우리 해수가 상처받고 손해 보면 어떡해.

사랑에 손해가 어딨냐? 사랑에 상처가 어딨고!

사랑은 추억이거나 축복, 둘 중 하나야.

다른 앤 몰라도, 자존감 있는 지해수한텐.

幸せになりますように

자유로운 니가 좋다.

나중에 내가 널 진짜 진짜 사랑하게 되면, 그때 말해줄게.
오늘 어떤 생각이 났는지, 그리고 내가 얼마나 이기적이고
나쁜 애인지도 말해줄게. 그때 가서도 니가 날 사랑한다고 하면
그때 믿을게. 니가 사랑한단 말, 난 오늘은 아냐.
그래도, 난 사랑해.

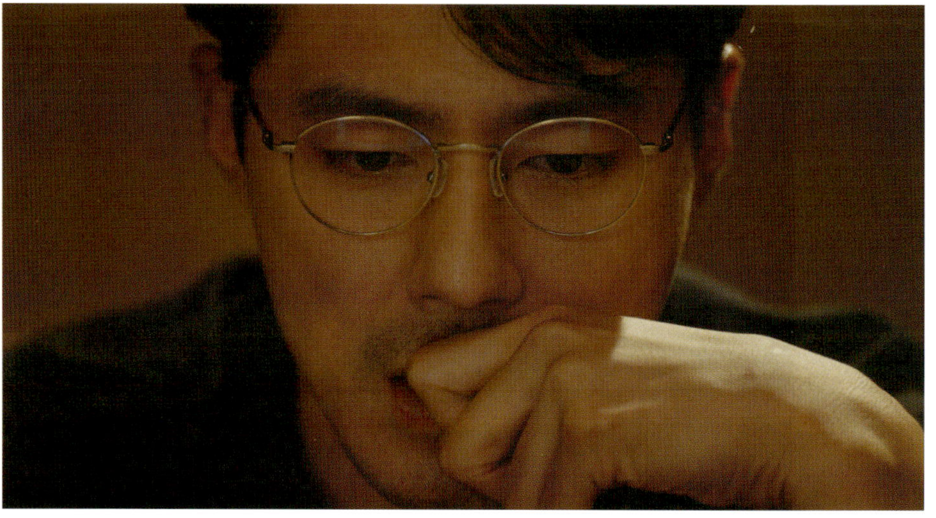

"나 글 쓰는데."가 설명이야, 넌?

"나 글 쓰는데, 미안하지만 좀 이따가 얘기하자, 해수야."

이 정도 말은 해줘야 설명이 되지, 안 그래?

우리 사이에, 단 5초도 배려 못해?

배려 없단 말은

밥 안 먹고 잠 안 자고 일해 까칠한 모습으로 5일 만에

내 맘 아프게 나타난 걸 말한 거고, 애인 못 해먹겠단 말 역시

니 지금 모습 보는 게 너무 맘 아파서 한 소리야.

할 말 없게, 훅 치고 들어가지?

보고 싶었어.

이렇게는 오래 못 볼 거 같다.

결혼하자.

너랑 난 계획적이고, 목적의식이 분명한 사람들이야.
그러니까 지금부터 니 인생의 계획표에 나를 넣어.
난 이미 내 인생 계획표에 널 넣었어.
내 멋대로 살다가, 니 멋대로에 맞추는 중이라고.

장재열이 악몽을 꾸는 걸 봤으면서도, 넌 강하고 자유로우니까
반드시 이겨낼 거야! 그건 니 일이지 하며 외면했던 거 같고.
자책 마. 그건 외면이 아니라, 믿음이야.
의사로서도, 애인으로서도 빵점.

사랑해. 아주아주 부담스럽겠지만, 미치게.

늘 강하고, 독하고, 이기적인 내가 너한테만은
무너져도 될 거 같거든. 나한테 사랑은 그런 거니까.
철저히 그 사람 앞에선 맘 놓고 초라해져도 되는 거.
잘난 척 않고, 의지해도 되는 거.
많이 사랑해.

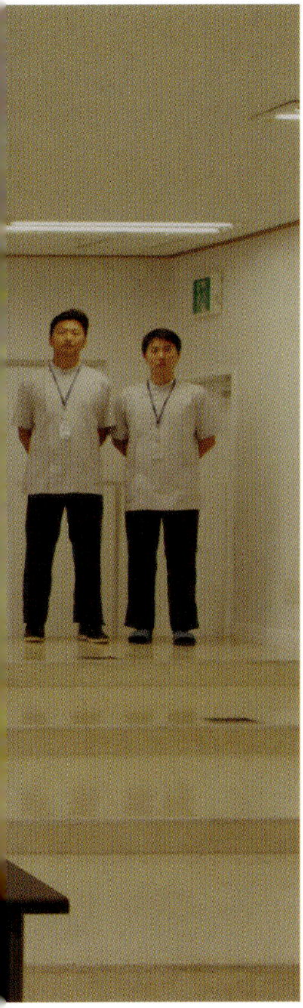

장재열은 3년 전
형의 출소로 상해를 입는 순간,
형의 원망이 자신의 죽음이 아니면
절대 해소될 수 없으리란 걸
무의식적으로 알았을 겁니다.
그때 첫 강우의 환시가 시작됐죠.

"바람이 오면 오는 대로 두었다가 가게 하세요.
그리움이 오면 오는 대로 두었다가 가게 하세요.
아픔도 오겠지요. 머물러 살겠지요. 살다간 가겠지요."
장재열, 이 시처럼 모든 게 다 지나갈 거야.

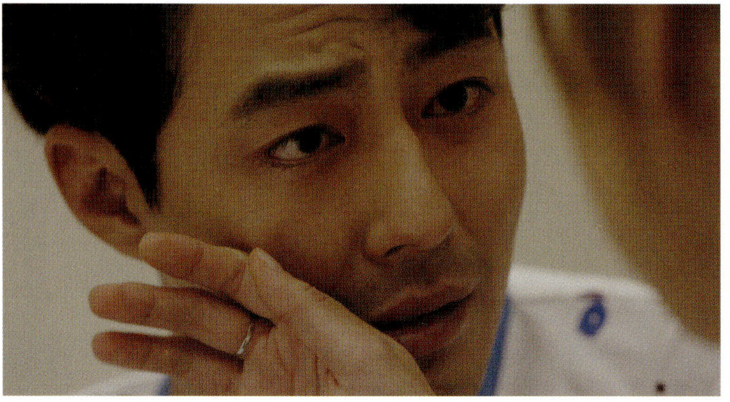

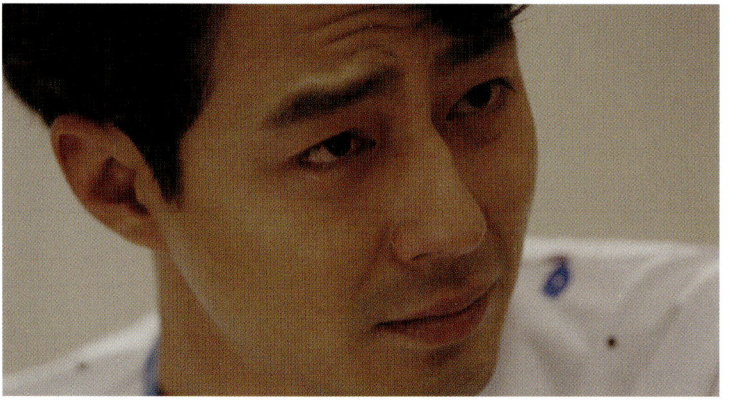

지금도 오랜만에 본 널 웃겨주고 싶은데…….
어떻게 웃겨야 할지 다, 단어 생각이 안 나.
안아주고 싶은데, 안 될 거 같아. 나, 안 섹시하지?
해수야, 나 내보내줘. 여기 있는 난, 나 같지가 않아.

강우가 보일 때, 너랑 나랑 사랑하던 순간을 기억해.
내가 너를 만지고 니가 나를 만질 때,
내가 니 품에서 웃고 울 때. 그 순간, 그것만이 진짜야.

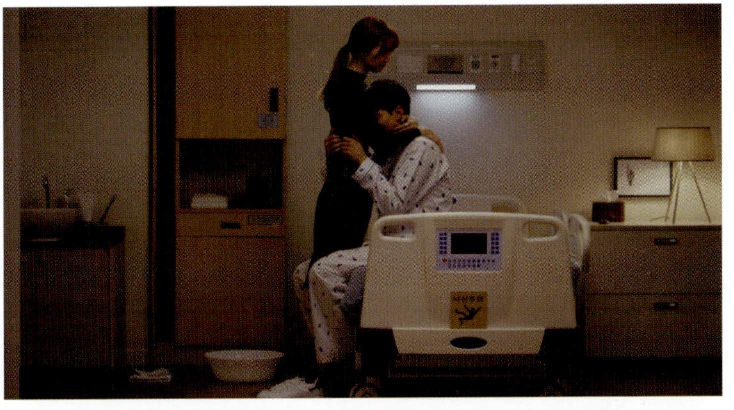

사랑은 상대를 위해 뭔가를 포기하는 게 아니라
뭔가를 해내는 거야. 나 때문에 니 인생의 중요한 계획,
포기하지 마. 자유로운 니 두 발로, 계획한 대로 떠나.
1년 동안, 넌 날 잊으려고 최선을 다해.
그러고도 못 잊으면 다시 와서 보자.
넌 나 떠나보내는 게 쉬워?
어려워.

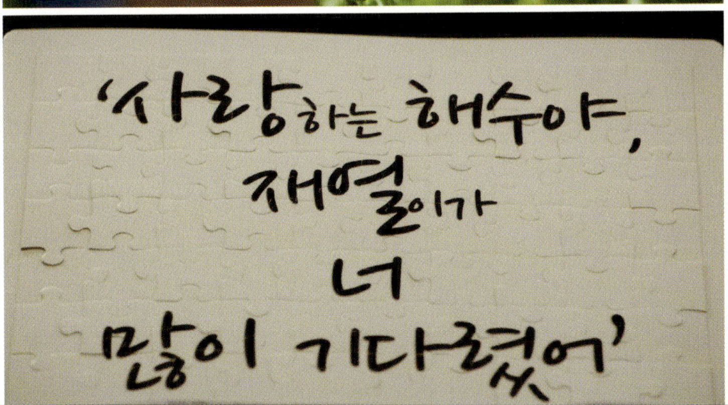
‘사랑하는 해수야,
재열이가
너
많이 기다렸어’

여러 사람들의 수고로, 그 동굴 수녀원엔 하루 24시간,
1년 365일 밤낮으로 꺼지지 않는 촛불이 있다고 합니다.
촛불이 켜지는 이유는, 단 하나,
동굴 밖 세상의 모든 외로운 사람들을 위해서죠.
지금 혼자라고 외로워하는 분들, 누군가 당신을 위해
24시간 기도하고 있습니다.
기억하세요. 여러분은 단 한순간도 혼자였던 적이 없습니다.

재열과 강우

작가님, 작가님!

아우, 콱! 쫄긴. 요즘도 니 아버지 너 패냐?

작가님 말씀 듣고, 저 운동해요. 피하려고요.

이제 절 만만히 보진 못할 거예요.

제가 했어요, 겁 안 먹고 아버지를 한 대 쳤어요.

넌 아버질 친 게 아냐,

폭력을 막은 거야, 그냥 폭력을 막은 거야.

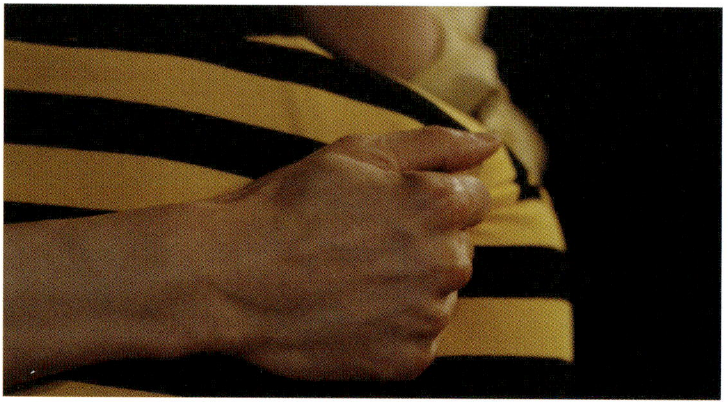

맞고 힘들게 산 엄마를 위해서 나는 정말 어쩔 수 없이 형을 버렸다,
엄마를 부양해야 했다, 나는 죄 없다,
이런 일이 벌어진 게 문제지, 내가 무슨 죄냐!
그렇게 건강하게 자기합리화를 해야 하는데,
놈이 넘 착해서, 자신은 용서 못하고
자신 같은 강우를 만들어 보호하는 거 같아.

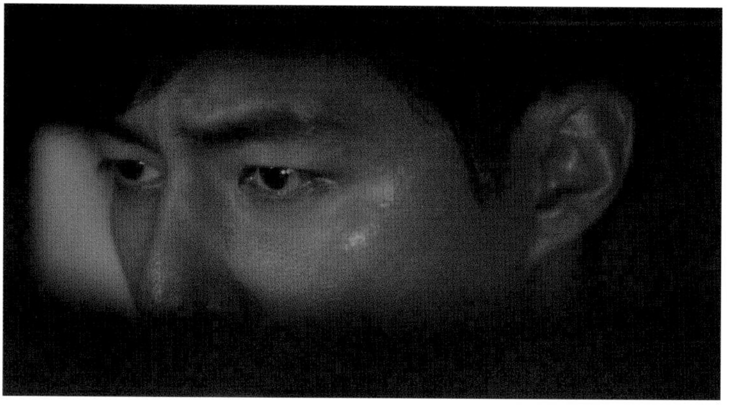

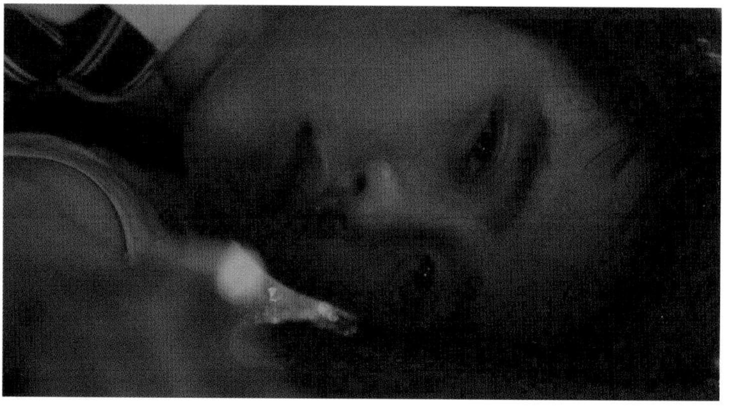

나를 믿어야 돼. 강우는 환시야.

내가 진짜야. 약은 한계가 있어.

강우가 보여도 그게 환시란 걸 알아야만 병을 고쳐.

강우는 니가 만들어낸 너란 걸 알아야 해.

그 착각과 모순을 찾는 건 의사가 아니라, 바로 너야.

아마도 넌 강우가 또 보일 거야.
그때 정신 차리고, 니 눈에 보이는 강우를 똑똑히 봐.
그리고 찾아내. 걔가 환시인 걸. 걔는 니 착각과 모순인 걸.

사람들이 거짓말하는 거예요.
작가님이 맞을 때, 다들 사람들이 모른 척한 것처럼.
사람들은 나 같은 앤 관심 없으니까.
그냥 날 봐도 모르는 척하는 거라고요.

한 강 우

너 몇 학년이니, 강우야?

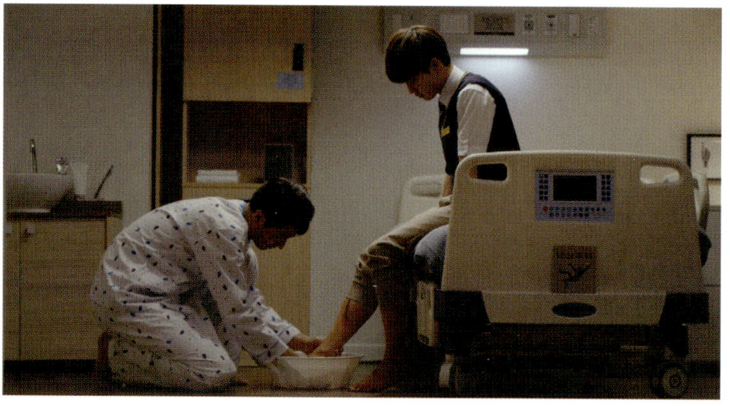

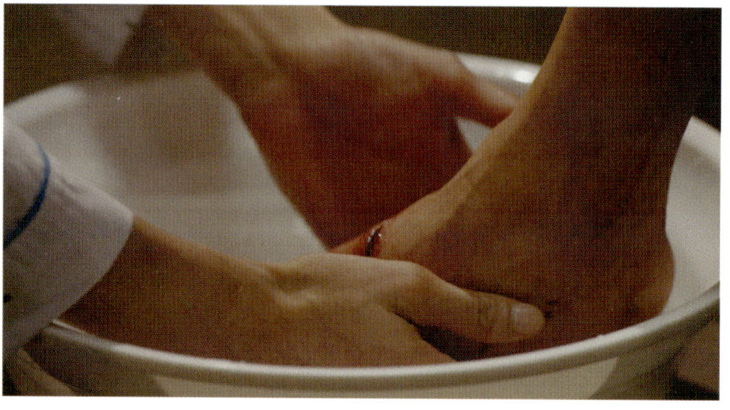

우리 애인이 선물을 아주 잘 골랐네.

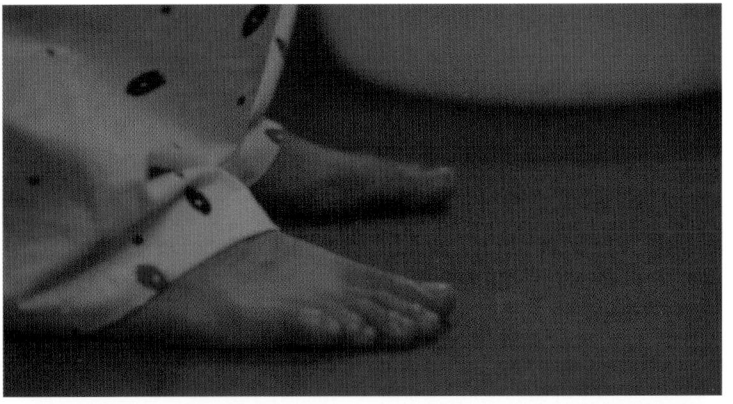

작가님, 이제 나 오지 마요?

우리 애인이 너한테 고맙다고 전해달래.

만약 내가 너를 만나지 못했다면,

아마 난 죄책감 때문에 지금까지 살지 못했을 거래.

내가 널 위로하면서, 실은 나 자신을 위로했던 거래.

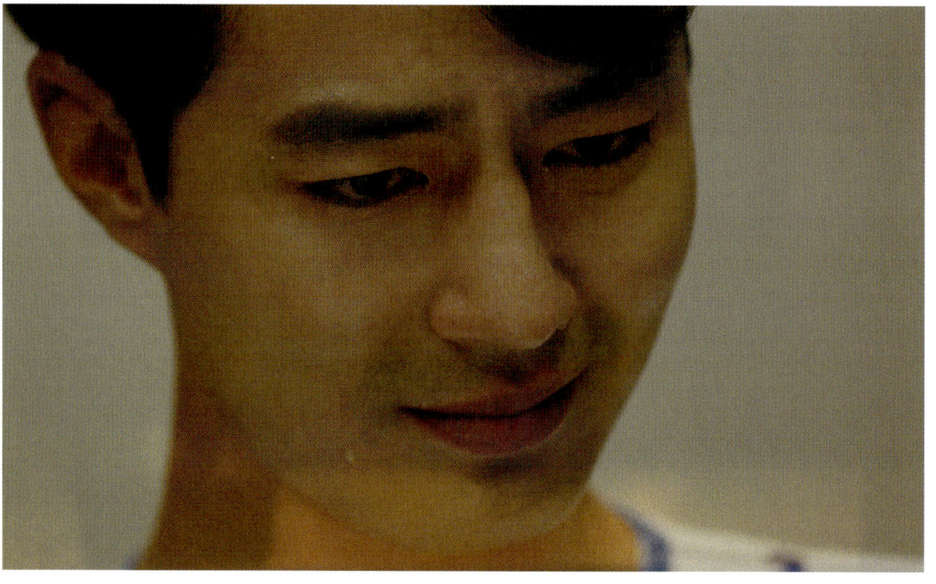

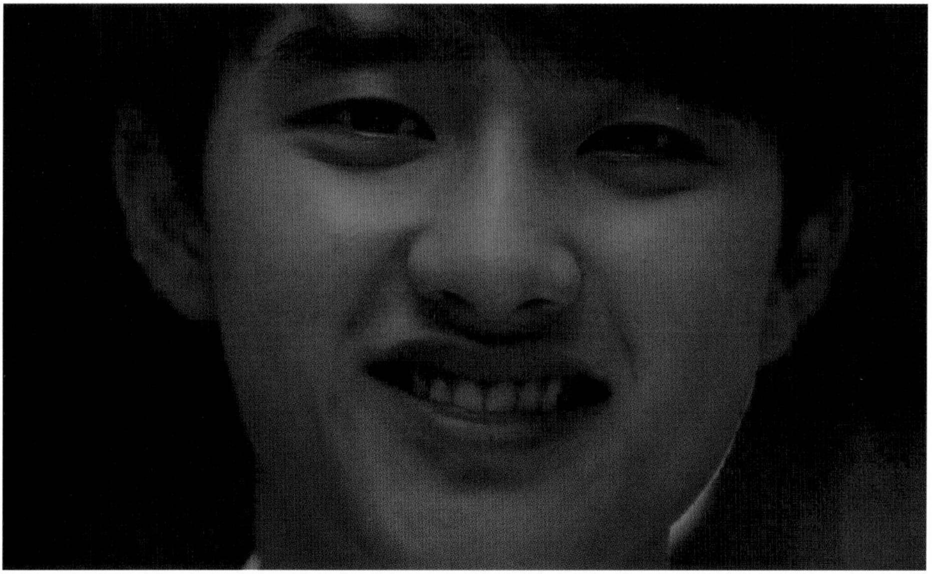

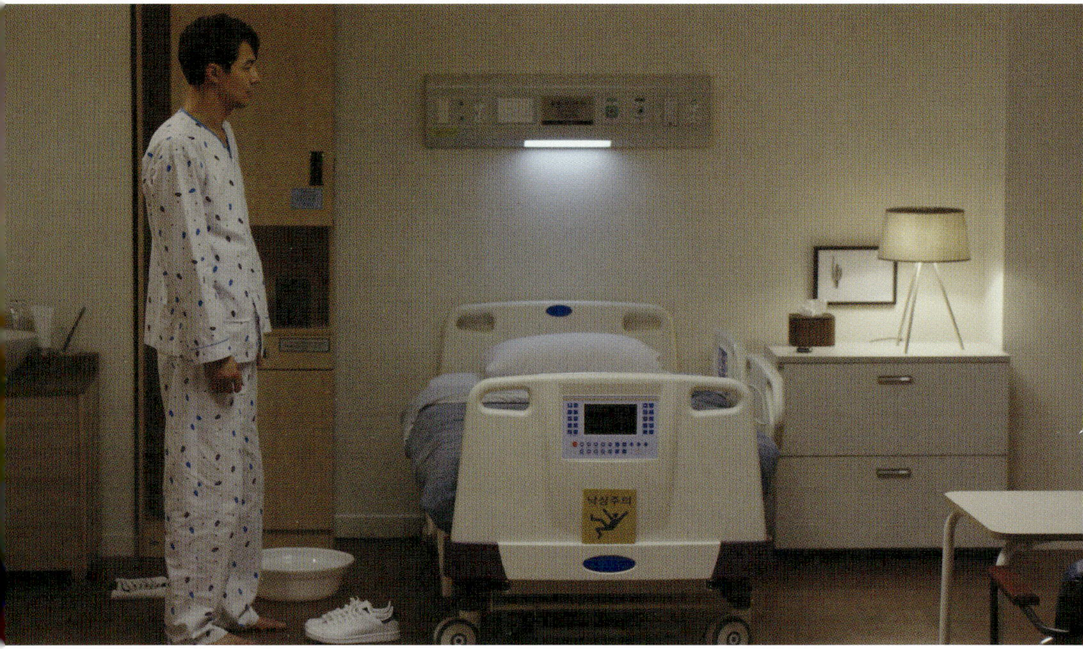
낙상주의

다 지나간 일이에요.

그래, 그때 나는 어렸고, 그 일은 지나갔고,

지금 나는 참 괜찮은 어른이 됐다 생각할게.

그래도 어느 날 내가 문득 보고 싶으면, 거울을 보세요.

작가님은 나니까.

재열과 재범

내가 저 새끼 죽여버릴 거야!

형? ……아, 이 꼴통…… 진짜…….

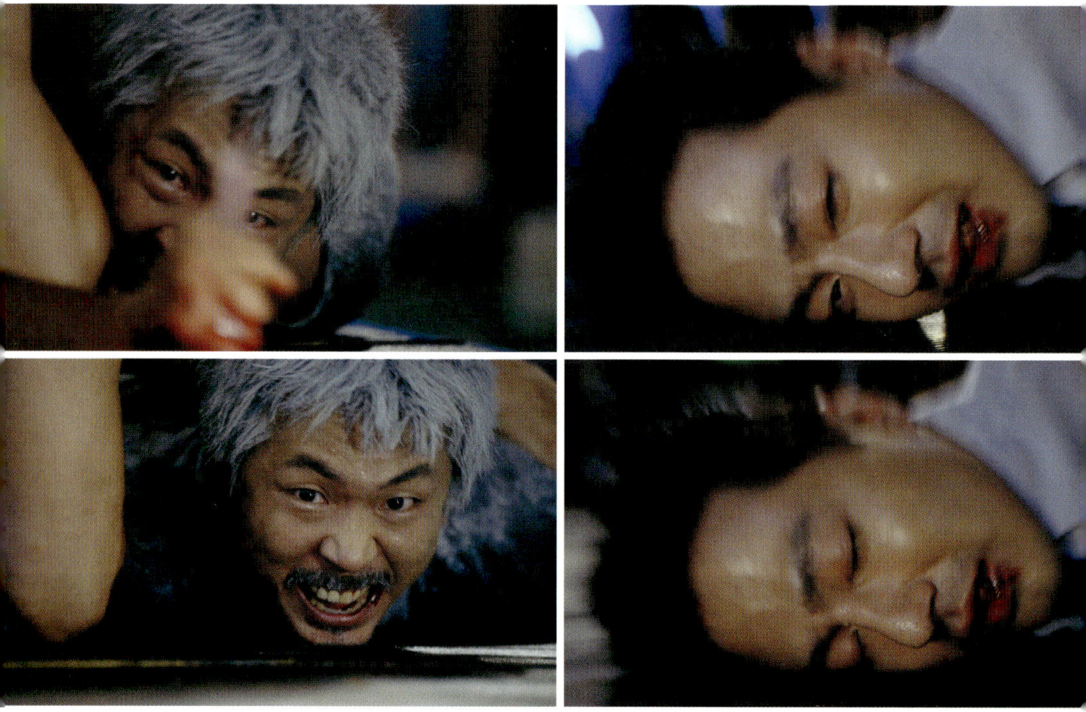

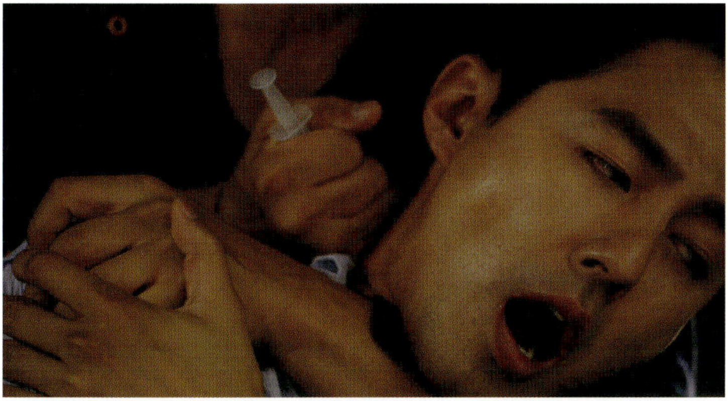

어차피 13년 넘게 너 때문에 빵에서 썩은 거,
그냥 내가 죽인 걸로 할까, 재열아?
가만있어. 형, 너 이번에 감방 가면 다신 못 나와.

변상할게요, 부탁해요. 신고하지 마세요!

주먹 쓸 줄 아네, 이 새끼!

신발 꼬락서니하고는, 거지 같은 새끼! 콱!

너, 다시 엄마랑 사는 인간한테 그렇게 처맞음 나한테 진짜 죽는다.

사내놈이 만날 처맞고.

만약 내 형이 진짜 위험한 사람이라면
3년 전 포크로 날 찔렀을 때 어깨가 아닌 목을 찔렀겠죠.
이번에도 주사기가 아니라 칼이었겠죠, 안 그래요?
그리고 정말 내 형이 위험한 사람이라면
지금도 우리가 신고할 게 무서워 시키는 대로
저기서, 저렇게 애처럼 앉아 빵이나 먹고 있진 않겠죠!

우리 가족한테 벌어진 모든 불행은

형 교도소 간 거로 다 끝내자고.

엄마, 그 말 잊지 마? 모든 걸 긍정적으로 생각한다!

마냥 순둥이가 이렇게 컸네.

우리, 형 오면 셋이 행복하게 살자, 여행도 많이 많이 가고?

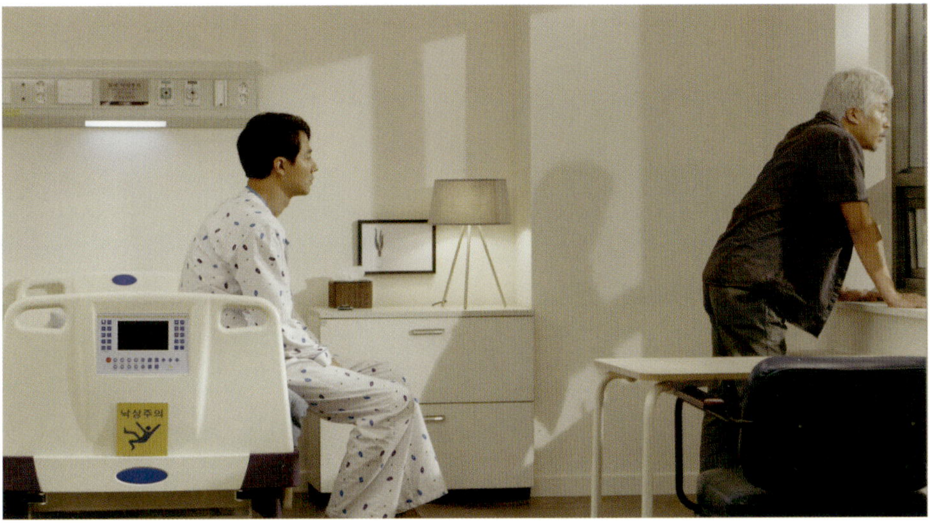

형, 너무너무 미안해.

말해봐, 새끼야, 뭐가 미안해?!

검사, 판사한테 "우리 형이 아니라 엄마가 죽였어요." 하고
말 안 한 게 미안해? 뭐가 미안해?!

나는 원래 개새끼니까, 내가 엄마가 죽인 거 알면
"아이고, 신난다." 하면서 검사 새끼한테
"엄마예요! 나 대신 울 엄마 잡아가! 울 엄마가 남자한테 맞다가
미쳐서 사람을 죽였어요, 잡아가!" 그랬을까 봐?!
이 미쳐도 싼 새끼! 놔! 너만 엄마 뱃속에서 나왔냐!
나도 엄마 뱃속에서 나왔어! 이 미친 새끼야!

가서 저 새끼 피나 닦아!

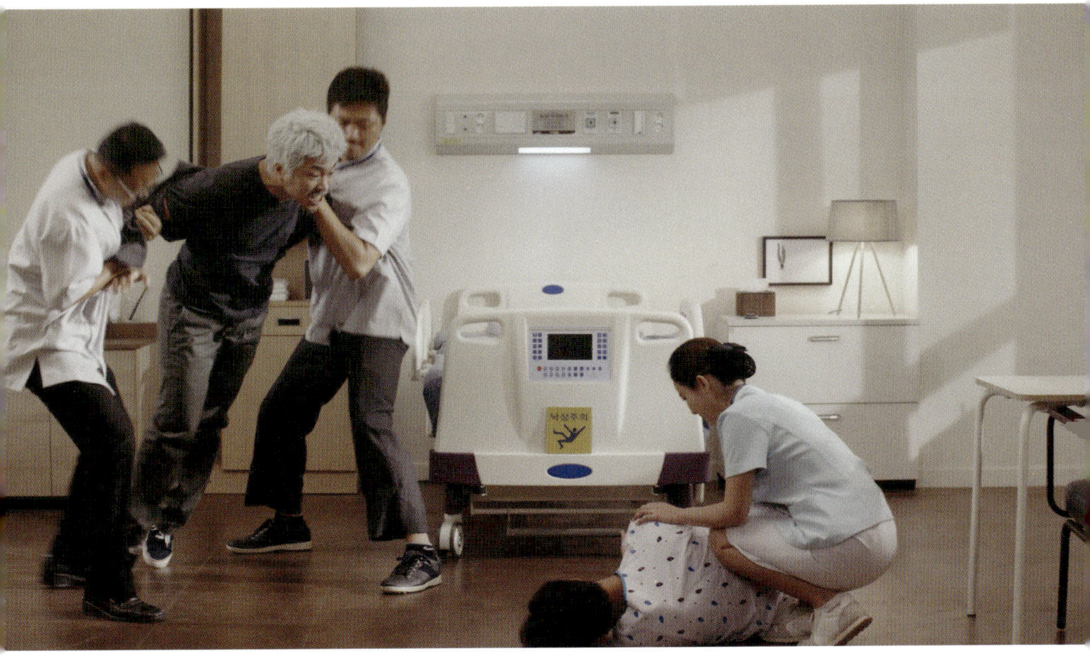

좀만 놔둬요. 이대로 조금만…….

형한테 평생 맞고 싶었던 매를 맞아서 그런가,
뭔지 모르게 아주아주 홀가분해 보이더라.
장재열, 참 강한 사람 같아. 바로 잠드는 거 보고 나왔어.

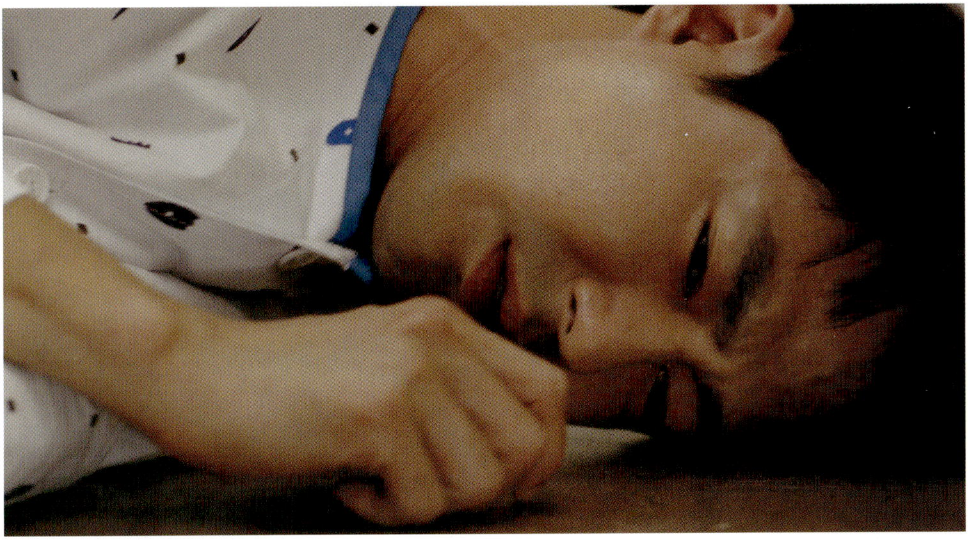

재열이 보고 오더니, 저래.

형이 재열이한테 화가 풀렸나,

나한테 어젠 재열이 퇴원 언제 하냐고 묻더라?

다행이네. 진짜. 큰 숙제 하나 풀었다.

동민과 재범

싫어, 새끼야!

에이, 친군데. 삐치다가도 풀려야지.

야, 아깐 그래, 내가 잘난 척 좀 했다.

난 니가 진짜 그렇게 무식한 거 모르고 날 놀리나 싶어서.

미안해, 또 보자. 좋다, 친구 한번 돼보자. 너랑 나랑.

뭐래, 저 새끼.

전 정말 착한 애예요, 형님.
생긴 게 범죄자 같아도, 공부는 못했어도
열다섯 살부터 공장 다니며 일하고, 돈 벌었고,
진짜 착한 애였어요.
남들은 나보고 동생한테 죄를 덮어씌우는 괴물이라지만,
아니에요. 나, 착해요.
동생은 착해 보이지만, 나쁘고.

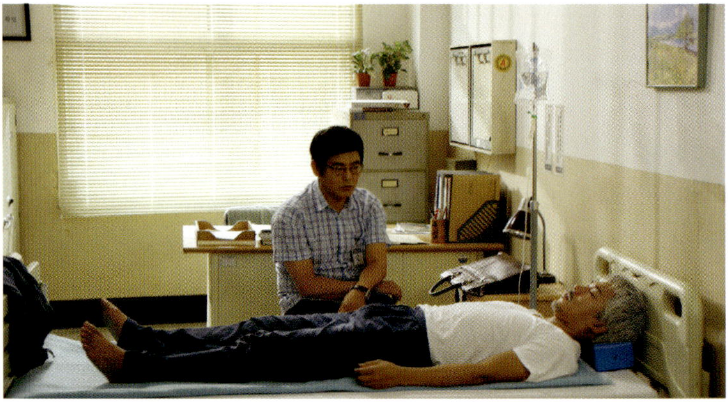

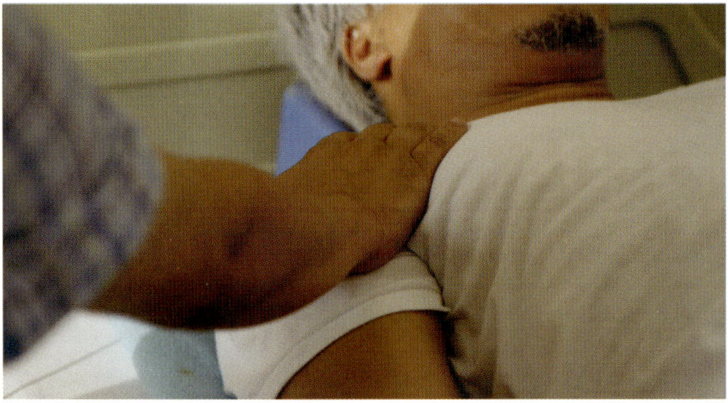

그래서 나는 유죄. 자다 깨서 다시 자도 그 꿈을 계속…….

동생이 죽였어요, 의붓아버진.

아미탈……. 내가 나가면, 내 동생하고 울 엄마 아미탈 주사 줘요,

진실의 약. 약속해요, 네? 약속해요, 형님, 네?

내가 정말, 분명히, 안 죽였지, 그지?

그동안 너 참 많이 외로웠겠다? 이제 외롭지 마라, 재범아.
내가 니 맘 다 아니까.

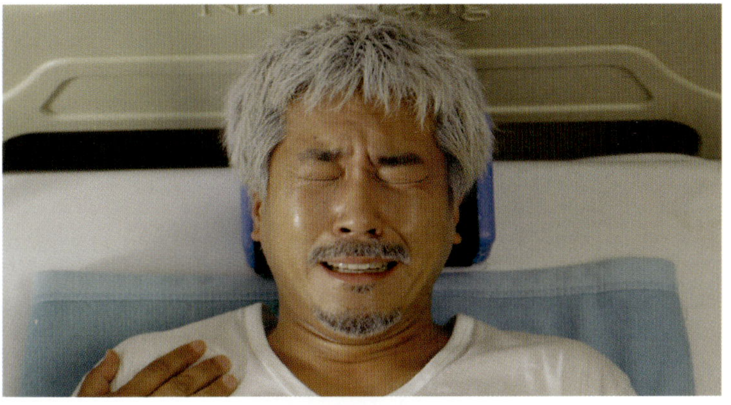

의사인 내가 관심 있는 건 단 하나, 그들의 상처야.
자신의 진실이 짓밟힌 채 14년 가까이 감방에서 산 형을
어떻게 위로할 수 있을까? 그들의 엄마는 진짜 괜찮나?
그리고 동생, 열여섯 살의 어린 남자애가 그런 끔찍한 사건을 겪고도
상처받지 않고 과연 건강하게 성장했을까?

지 상처만 아프고, 남의 상처는 나 몰라라 관심 없는…….

철부지, 머리만 하얀 세 살짜리 애새끼!

이 새끼가!

어른 되는 방법 가르쳐줄까? 니 집안, 니가 책임져.

수광과 소녀

밥 사줘.

나 봉 아니다? 내가 한때나마 널 예뻐한 거 잊어버려!
너한테 수시로 무시당하고 돈만 뜯기고 나서,
나 이제 정신 차렸어!

내가 오늘 너한테 온 이유는 딱 하나야.

이 더러운 집을 치우듯 내 미련을 치우는 거.

난 너한테 지난 1년간 진심이었다.
너 잊으려고 그간 이 여자 저 여자 찝쩍대며 살았지만,
좋아한 건 진심이었어.
하지만 오늘부로 끝이다. 마지막 남은 내 미련이다. 가져가.
가라, 가. 네까짓 게 간다고 내가 뭐 상처라도 받을까 봐?!
엄마도 날 버렸는데, 네까짓 게 날 버린다고 뭐가 달라지냐?

아저씨가 자꾸 쓰레기를 집에 쌓아놓음, 아줌마가 도망갔듯
딸내미도 도망가. 예쁜 애가 더러운 집에 살고 싶겠어요?
잊지 마요, 폐지는 고물상, 돈은 집 안에!

사람이 사랑을 주면, 받을 줄 좀 알아!
아버지가 널 위해 폐지를 주워 오면 고마운 줄 알고,
니 엄마가 널 버렸어도 미안해하며 찾아와 돈 주면 감사한 줄 알고,
제발 그따위로 살지 좀 말고!

울 엄마, 아빠 얘길 니가 왜 해!

니가 니 엄마, 아빠 뱃속에서 나왔으니까, 기집애야!

나도 투렛이라고 울 아빠가 내쫓았어도,

아빠한테 1주일에 한 번 문안 전화는 해. 낳아준 게 고마워서!

한 번 더 기회를 줄게.

양아치 샘이랑 끝내고 나랑 진지할래, 어쩔래?

만나볼래, 어쩔래! 5초 줄게. 1, 2, 3, 4…….

좋아, 진지할게.

coffeesmith

더 사랑해서 약자가 되는 게 아니라,

마음의 여유가 없어서 약자가 되는 거야.

마음의 여유?

내가 준 걸 받으려고 하는 조바심!

나는 사랑했으므로 행복하다, 괜찮다. 그게 여유지.

흔들리지 않고 피는 꽃이

어디 있으랴

흔들리지 않고 가는 사랑이

어디 있으랴

part 3

"괜찮아, 내가 들어줄게"

지해수와 장재열, '해열제 커플'의 문자로 나누는 사랑

여기 적힌 전화번호로
계좌번호 알려주세요.
위로금 보낼게요.

둘이 딥키스했니?

넌 남의 상처가 재밌어?
글로 쓰게!

70477 우리가 탔던 오키나와 왕복 플라이트 넘버. 이제 나 혼자만의 공간은 없어. 언제든 니가 들어올 수 있지. 근데 대체 나한테 사랑한단 말은 언제쯤 할 거야, 지해수!

야, 너 연기 잘한다,
연기자 해라.
너무 진심 같아
나도 속겠다, 야!

지금 우리처럼?

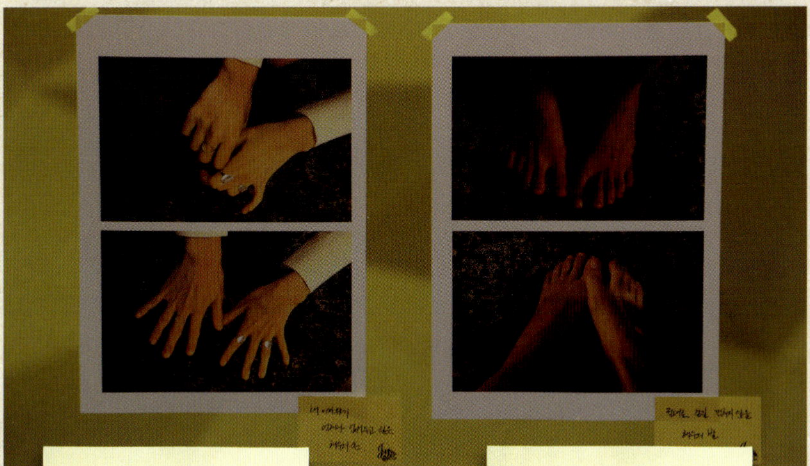

내 이마 위에
언제나 얹어두고 싶은
해수의 손

절대로
걷길 멈추지 않을
해수의 발

강박증인 내가 니가 그리워 니가 다녀간 흔적들을 치우지 않고 그냥 내버려둔다. 언젠간 이 모든 흔적들이 일상이 되길 바라지만. 결혼하지 않아도 사랑해, 지해수

나, 51% 넘어갔다.

장재열이
이사 가서 할 일.

1. 매주, 금요일에
지해수 보기.

2. 밥 꼭 먹고,

잠은 의자 아닌,
욕조에서 자기.

쪽팔리지만,
너가 가는 게

너무 서운해
울 것 같아서,

문자로 말함.

잘 가.

노희경 작가 인터뷰

사랑합니다, 고맙습니다

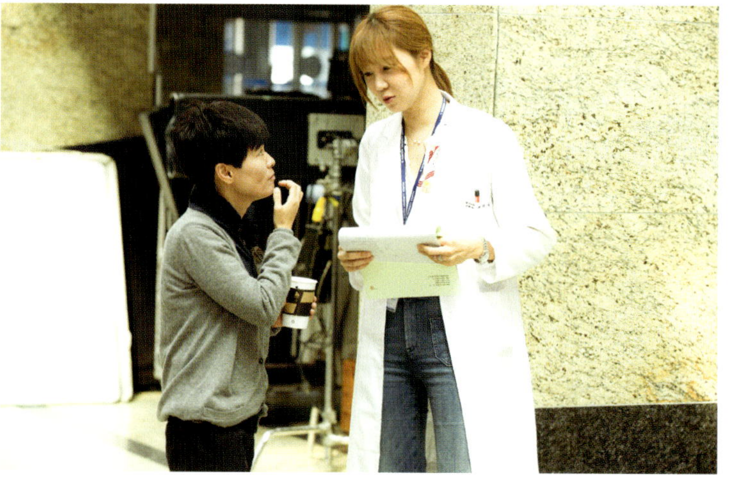

THANKS TO……

나는 사랑한다는 말을 잘하지 못한다. 가볍게, 맘 편하게, 영원보다 소중한 순간을 위해, 현재 눈앞에 있는 사람들에게 "사랑해, 동료분들! 사랑해, 감독님! 사랑해, 재열아! 사랑해, 해수야!"라고 할 수 있다면 참 기분 좋을 건데, 나는 잘 안 된다. 나에게 사랑은 어려운 거다. 오래가야 하는 거고, 책임져야 하는 거고, 즐기면 안 되는 거고, 조심스럽고, 귀하고……. 고리타분하지만 그게 나다. 사실 그렇게 살며 뭐 그다지 불편한 것도 없었다. 그런데 이번엔 그런 내 고리타분함이 인색함처럼 느껴져 참 싫었다. 이별이 눈앞인데, 사랑고백 한 번 못하고 늙어버린 모자란 사람 같은 기분이다.

의미에 갇혀 자유로움을 잃고, 숙연함에 갇혀 즐거움을 잊고, 돌아보니 평생을 그렇게 답답하게 살았다. 그래서 말한다. 잠시 그대들을 지켜줄 책임감은 내려놓고, 오지 않는 영원보다 분명히 놓인 '순간'에 집중해서, "사랑합니다. 정말 많이 사랑했습니다. 고맙습니다. 나랑 놀아주어서."

여배우 '공효진'과의 재회

마냥 귀엽던, 천방지축이던 아이가 사랑의 이별을 알고, 인생의 질곡을 아는 배우가 되어 만났다. 스물한 살이던 애가 서른다섯이 되고, 서른다섯이던 나는 마흔아홉이 되었다. 효진이는 나를 선생님이라 부르지만, 이번 작품을 하면서, 나는 효진이란 배우 앞에서 되레 문득문득 학생이 된 기분이었다. 나와 해석이 다르고, 깊이가 다르고, 표현이 다른 효진을 보며, 낯설면서도 신기하고 재밌었다. 훗날, 작품에 효진이가 가르쳐준 해석이 녹아나길 바라본다.

첫 마음

대본 리딩 후 "틀에 가두지 않고 배우들이 자유롭게 연기할 수 있도록 최대한 즐겁게 촬영하겠다."라며 다짐하고 다짐했건만, 잘 안 됐다. 여전히 내 틀에 배우와 스태프, 감독을 가두려는 습관을 재확인했다. 다행히도 이번에는 나보다 자유로운 감독과 배우, 스태프(특히 김향숙 편집감독님께 고개 숙여 감사드립니다.)의 질타와 도움으로 전작보다 자유롭게 작품이 그려졌다 싶다. '나 혼자 틀을 깰 수는 없구나, 주변의 도움이 필요하구나, 귀를 열고 그들의 말을 들어야 살아남겠구나.'를 절실히 느꼈다. 참으로 감사한 일은 드라마 작업이 공동작업이라는 것이다. 혼자서 하는 작업이었다면, 벌써 막 내렸을 인생이다.

나를 지켜준 내 마음, 네 웃음

오키나와 마지막 촬영 날이다. (원래 난 오키나와 촬영에 동행할 계획이 없었다. 서울에서 마저 글을 써야 했다. 그런데 효진의 교통사고로 현장에서 수정 장면들을 써야 하는 상황이라, 어쩔 수 없이 동행했다.) 해외촬영 여건상 다친 공효진에 대한 배려를 할 수 없었다. 무리한 일정으로 결국 마지막 날 밤은 다리는 걸을 수 없게 붓고, 팔에선 피가 나는데 촬영을 해야 했었다. 그런 현실 앞에서 '아, 참 이게 뭐하는 짓인가, 이게 사람이 사람한테 할 짓인가, 드라마 작업이란 게 이렇게 잔인한 작업인가…….' 싶은 별의별 회의가 다 들었다. 어디 나만 그랬겠는가. 당사자 공효진은, 본인 힘든 건 제쳐두고 아픈 상대 배우를 끝없이 배려하며 웃겨주던 조인성은, 아픈 배우를 애써 나 몰라라 하며 카메라를 들이대고 큐 사인을 하고 조명판과 마이크를 들이대던 감독님들과 스태프들의 마음은 백배 더했을 것이다. 그때 내가 할 수 있는 일은 아무것도 없었다. 그래서 촬영 준비를 하는 시간을 틈타 조인성을 한 번 꽉 안아주고, 그냥 냅다 효진의 휠체어를 끌고 아메리칸 빌리지 한 귀퉁이로 내달렸다. '효진아, 그냥 바람이나 맞아라.' 그 한 생각뿐이었다. 그때 효진이가 웃어주지 않았다면, 눈물 없는 내가 울어버렸을 것이다.

이후 한국으로 돌아와 글 쓰는 내내, 글이 막히고 힘들 때, 오키나와의 그날 밤을 생각하면 벌떡 다시 힘이 생겼다. '아무것도 할 수 없었던 무력한 그 순간도 견뎠는데, 내가 시작해서 내가 끝낼 수 있는 이 순간쯤이야.' 정말 어떤 순간도 그 순간만큼 회의가 느껴지진 않았다. 그때, 내 동료들은 참 안쓰럽고 멋있었다. 드라마 하나 때문에 나는 방구석에 갇혀 살고, 내 동료들은 현장에 묶여 살고, 세상에 같은 아픔을 공유하는 사람들이 있다는 건 참으로 큰 힘이다.

내 마음 속 명장면

6부에서 재열이 해수에게 화장실의 욕조를 보여주던 신(scene), 14부에서 해수가 재열에게 자신의 이기심을 적나라하게 고백하던 침대 신, 15부에서 해수가 재열에게 가지 말라 매달리던 병원 신, 재열이 해수에게 초라함을 낱낱이 들키던 병실 신. 그 외 서로의 초라함이 묻어나던 장면들.

사랑하는 사람 앞에서 초라해질 대로 초라해져본 기억이 있다. 그때 얼마나 큰 용기가 필요한지, 해본 사람은 알 것이다. 나 자신도 용서할 수 없는 일을 상대에게 이해받겠다고 용기를 내는 일, 버려질 걸, 내쳐질 걸 각오해야 하는 일, 마저 무너질 것도 없이 무너져내리는 일. 고해성사가 아름다운 건 고백 후의 이해보다, 그 전에 드러내야 하는 적나라한 초라함 때문일 게다. 서로에게 마냥 무너져내리고 매달리고 안아주던 재열과 해수가, 참으로 이쁘고 대견했던 장면들이다.

내 마음 속 명대사

"그래도 나는 참 잘 자랐구나, 생각할게." 재열이 강우를 보낼 때 하던 짧은 대사다. 지난 상처에 해줄 수 있는 위로가 어디 있겠는가. 잊어주고, 내버려두고, 지나쳐가게 해주고, 원망과 미움을 자제하고, 현재의 나를 바로세우는 것밖엔. 포장된 대사가 아니어서, 극중 인물이 정말 그 순간, 스스로를 인정해내는 것 같아, 뭉클했었다.

2014년 9월 노희경

김규태 감독 인터뷰

사랑은 희망이고, 축복이다

THANKS TO……

드라마가 종영을 했다. 긴 시간을 달려왔는데도 왠지 드라마가 아직도 끝나지 않은 느낌이다. 그만큼 헤어지기가 아쉬운 모양이다. 제작과정 내내 행복했고 그 여운은 오래 남을 것 같다. 무엇보다 작가, 배우, 스태프, 시청자들에게 감사의 인사를 전한다. 제작에 참여한 모든 분들, 그들의 드라마에 대한 열정, 서로에 대한 믿음과 사랑, 가족 같은 팀워크는 정말 감동이었다. 함께해서 너무 행복했다. 그리고 진심으로 고맙다. 그리고 드라마를 응원해주시고 사랑해주신 시청자 여러분께 깊이 감사드린다.

첫 마음

첫 대본 리딩 후 "이렇게 좋은 스태프들과 배우들이 모두 모이니까 아주 뿌듯하다. 최대한 즐겁게 촬영하기 위해 노력하겠다. 다 함께 합심해서 좋은 작품 만들어가도록 하자."라고 다짐했다. 이후 작업을 진행해가면서 그 마음만은 변치 않았다. 우리는 말 그대로 '드림팀'이었다. 작가, 제작사, 스태프, 배우들이 한 몸 한뜻으로 합심해서 즐겁게, 좋은 작품을 만들기 위해 노력했다. 부족함은 어쩔 수 없지만, 후회 없는 최선을 다했다.

'조인성'이라는 배우와의 두 번째 만남

서로에 대한 믿음이 쌓였기에 더욱 즐겁게, 친밀하게 서로 기운을 북

돋우는 든든한 파트너다. 그의 연기는 더욱 다채로워졌고, 훨씬 더 묵직해졌다. 배우로서 절정의 시간을 함께해서 너무 기쁘고 행복하다.

작가정신, 그 자체인 노희경 작가

노희경 작가님과의 작업은 하면 할수록, 알면 알수록 더 어렵고도 재미있는 것 같다. 묘한 중독성이 있다. 정말 모든 면에서 대단한 작가다. 새로움에 대한 도전과 드라마에 대한 열정, 작가정신에 존경과 사랑의 박수를 보낸다. 부족한 연출자에 대한 믿음과 격려에 감사드린다.

나를 지켜주었던 사랑과 응원

드라마를 진행하면서 힘들었던 순간은 예정보다 촬영 진도가 늦어져 약속했던 종영분까지 한 팀으로 운영이 어려워질 것 같다는 압박이 있었을 때다. 무엇보다 물리적인 제작 시간과의 싸움이 힘들었다. 이 모든 것을 상쇄시켜준 것은 4회 방송 직후 드라마에 대한 본질적인 이해와 사랑, 응원이었다. 그때 말할 수 없이 기뻤다.

내 마음속 명장면과 명대사

많은 시청자들도 공감했던 장면이다. 15회에서 재열이 "너 몇 학년이니, 강우야?" 하고 떨리는 듯한 목소리로 묻고는 이내 강우가 환시임을 깨닫는 순간, 그 눈물 맺힌 모습은 소름이 돋을 정도로 감동적이었다.

사랑의 가치

이번 〈괜찮아 사랑이야〉라는 드라마를 통해 나 역시 나 스스로를 되돌아보는 시간을 가졌다. "너 정말 괜찮냐?"라고 물어보며 내 마음을 어루만져주고, 더불어 다른 사람에게 "당신은 괜찮은가?"라고 물어볼 수 있는 관심과 이해가 생긴 듯하다.

"사랑은 행복만을 가져다주는 건 아니지만, 그 어떤 불행도 이겨낼 힘도 더불어 준다." "그래서 사랑은 희망이고, 축복이다." 이 대사를 마음속에 새겨본다.

2014년 9월 김규태

조인성 배우 인터뷰

행복한 도전

첫 마음

처음 시놉시스를 받았을 때는 어떤 드라마인지 실체가 눈앞에 그려지지가 않았다. 작가님과 감독님과 미팅을 한 다음에야 기존 로맨틱 드라마와는 어떻게 다른지, 무엇을 이야기해야 하는지 알 수 있었다. '마음의 병'이라는 심각한 주제를 다루기 때문에 분위기를 밝게 가지 않으면 자칫 시청자들이 무겁게 받아들일 수 있으므로, 로맨스 코미디를 가장해서 우리의 주제의식을 보여주자는 이야기를 듣고 어느 정도 방향을 잡을 수 있었다. 그리고 '잘해내고 싶다!'라는 도전의식이 생겼다. 노 작가님과 김 감독님의 작품은 배우로 하여금 어떤 도전의식을 생기게 하는 것 같다. 내가 연기를 하는 이유는 행복해지기 위해서다. 도전하면서 내가 행복해질 수 있는 길을 선택하기 때문에 배우들이 두 분의 작품을 즐겁게 하는 게 아닌가 싶다. 한편으로는 '나한테 이런 기회가 와서 참 다행이다.'라는 생각도 들었다.

노희경 작가와의 두 번째 호흡

노 작가님의 작품은 멜로 안에 사람에 대한 이야기와 사람의 관계에 대한 이야기가 담겨 있다. 이게 굉장한 힘인 것 같다. 그래서 노 작가님의 작품을 하고 나면 문학 책 한 권을 읽은 것 같은 느낌이 든다.

너의 의미, '한강우'

처음부터 '강우'라는 캐릭터를 어렵게 받아들이지 않았다. '내 눈에는 보이고, 내 눈에 보이니까 남들도 보겠지.'라는 마음으로 보니까 편하게 연기할 수 있었다. 무엇보다도 강우의 캐릭터가 재열의 자아라는 생각 자체를 지워버렸다. 살아가며 곁에서 챙겨주고 싶은 동생, 손길이 가는 동생이 누구나 한 명쯤 있기 마련인데, 그런 친구가 내 눈앞에 있다는 생각으로 일관했다. 허구의 인물이라 생각하지 않았기에 오히려 그 점이 리얼하게 시청자들에게 다가가지 않았나 싶다.

내 마음속 명장면, 명대사

16부에서 내가 진행하던 라디오 프로그램 게스트로 출연하는 장면이 있다. 그 프로그램의 청취자들에게 마지막 인사를 건네는 장면이 가장 기억에 남는다. "한 번도 나 자신을 위해서 어떤 위로를 해준 적이 없다. 오늘 밤은 모두들 자기 자신한테 위로를 한 번쯤 해주는 시간을 가졌으면 좋겠다."라고 말하는 장면이었는데, 순간 울컥했다. 우리 모두 자신에 대해 미처 생각할 겨를도 없이 살아가고 있지는 않나 싶은 생각이 들었기 때문이다.

나에게 〈괜찮아 사랑이야〉는

평생 잊지 못할 작품을 했다. 〈괜찮아 사랑이야〉는 내 연기 인생에 터닝포인트가 된 작품이다. '드라마를 찍으면서도 힐링을 할 수 있구나.' 싶은 생각이 들었다. 나뿐 아니라 어느 누군가에게도 힐링이 되는, 살아가는 데 큰 힘이 되는 작품이라 생각한다. 살다가 힘든 일이 있거나 뭔가 답이 안 나왔을 때, 이 작품을 봤으면 좋겠다. 'A가 아니라 B'라는 뚜렷한 답이 아닌, 힘들어하는 나 자신에 대해 생각해볼 수 있는 작품이라서 개인적으로도 뿌듯하다.

'조인성'이라는 배우가 발하는 빛

노희경 작가님과 김규태 감독님이 나에 대한 관찰을 많이 하셨다. 내가 갖고 있는 능력과 색깔을 눈여겨보고, 캐릭터와 상황에 맞게 하나하나 끄집어낼 수 있도록 이끌어주신 것 같다. 내가 캐릭터에 대한 분석을 특별히 더 많이 했다기보다는, 내가 가진 능력 안에서 작가님과 감독님이 나와 잘 맞는 색깔, 좋은 것들만 뽑아주신 거 아닌가 하는 생각이 든다.

사람들과 현장에서 함께한다는 것

이번 작품을 하면서 함께 작업한 동료들이 정말 큰 힘이 되었다. 이 드라마의 성공이나 파급효과보다는 스태프 때문에 감동할 때가 있다. 작품을 한두 번 함께해봤다는 횟수가 중요한 게 아니라, 어떤 마음으로 이 작품을 함께하고 있는지가 모두의 움직임 하나하나에서 느껴졌다. 심지어 현장에서는 이 배우 매니저, 저 배우 매니저라는 구분이 없었다. 모두 자기 일처럼 나서서 도와주고 조명 스태프, 제작 스태프 등 우리 모두는 이 작품 안에서 하나였다. 그 모습이 감동적이었다.

장재열 vs 인간 조인성

굉장히 비슷한 점들이 많다. 해수한테 툭툭 내뱉듯이 말하는 대사가 많은데, 어떤 분들은 그런 부분이 굉장히 차갑게 느껴진다고도 하지만 실제로 내 평소 말투다. 어느 날 노 작가님이 "네가 친구들과 이야기하는 말투가 굉장히 새롭다."라고 얘기하셨다. 내 특징을 대사에 녹여내어 인간 조인성에 더 가까운 캐릭터가 만들어지지 않았나 싶다. 〈발리에서 생긴 일〉 이후 모처럼 '인간 조인성'을 느낄 수 있는 캐릭터였다는 평도 있었다. 장재열로부터 나를 느꼈다면, 그것은 아마도 나를 애정 어린 눈으로 관찰해주신 작가님과 감독님 덕분일 것이다.

사랑에 대하여

사랑의 의미는 순간순간 변한다. 오늘의 확신이 내일 또 어떻게 달라질지 모른다. 사랑이라는 것은 섣불리 정의할 수 없는, 어쩌면 죽을 때까지 고민해야 하는 것이 아닐까. 사랑에는 남녀 간의 사랑도 있고 가족 간의 사랑도 있고 동료 간의 사랑도 있는데, 편의상 정의하거나 구분한다는 것 자체가 사랑 앞에 미안한 일인 것 같다. 사랑이란 우리가 끝까지 고민해야 하고, 끝까지 설레고, 때때로 힘들거나 오해받거나 상처받을 수 있는…… 결국 무한대의 의미인 것 같다. 누가 이 '사랑'이라는 단어를 만들었는지 궁금하기도 하다. 아무리 생각해도 사랑은 명확하게 정의할 수 없는 단어인 것 같다.

나만의 힐링법

힐링드라마라는 장르 안에서 연기를 한다고 해도 연기 자체가 힐링이 되지는 않는다. 그 순간은 고통스럽다. 이걸 해야 되나 싶기도 하고, 풀지 못할 큰 숙제 같기도 하고, 내가 이걸 해내지 못했을 때의 자괴감이 들 때는 굉장히 고통스럽기도 하다. 연기라는 것이 과연 나에게 맞는 일인가 싶을 정도로 고민하게 된다. 힐링법이라…… 다른 건 없고, '자신감'인 것 같다. 사람들은 흔히 보고 싶은 것만 본다. 내가 어떤 행동을 하더라도 말이다. 아는 만큼 보는 것이기도 하고. 그래서 많이 알려 노력하고, 이해하려 노력하고, 느끼려 노력한다. 번뇌에 빠졌다가도 다시 돌아오기도 하고. 방법은 자신감을 갖고 사는 수밖에 없는 것 같다. 특히 어렵고 복잡한 현대 사회에서는 말이다.

독자들에게 전하는 메시지

이 작품은 오랫동안 회자될 것이라고 생각한다. 처음에는 낯설게 다가갈 수도 있지만, 많은 이들의 마음을 후벼파는 강력한 드라마라고 생각한다. 이런 작품을 할 수 있어 배우로서 영광이다. 한편으로는 또 이런 작품을 만날 수 있을까 싶다. 독자들이 화면과 대사를 함께 보면서 본인이 생각했던 조인성과 장재열을 비교해보는 재미도 느껴봤으면 한다. 좋은 문학 작품 하나 만난 것 같다. 축하한다.

2014년 9월 조인성

공효진 배우 인터뷰

내 인생 최고의 인연

가장 기억에 남는 에피소드

취객들과 싸우고 처음으로 재열과 함께 뛰었던 신(scene)이 가장 기억에 남는다. 싸움 신을 찍었을 때 동민 선배가 그 싸움에 끼어들지 않고 옷만 벗으려 해서 NG가 계속 났다. 끝내 웃는 게 편집돼서 '그날 그 상황에서 웃음을 참지 못했구나.'라는 좌절감도 들었지만 즐거운 추억이었고, 촬영하는 내내 정말 많이 웃었다.

나를 지켜주었던 동료애

촬영 전 사고 때문에 다쳐서 사실 체력적으로 많이 힘들었다. 어떻게 시간이 갔는지 모를 정도였다. (웃음) 사실 처음에는 촬영 분량과 대사가 많아 걱정도 했었다. 하지만 재열 역할을 맡은 조인성 배우를 비롯해 다른 배우들, 스태프, 감독님, 작가님이 매순간 격려해주셨다. 물론 몸이 아프다 보니 체력적으로 힘들었지만 든든한 동료애가 있었기에 정신적으로 버틸 수 있었다. 그 동료들의 힘 덕분에 무사히 드라마를 잘 끝낼 수 있지 않았나 싶다.

노희경 작가와의 색다른 '로맨스 코미디'

작가님도 말씀하셨지만 〈괜찮아 사랑이야〉는 로맨틱 코미디를 가장한 정극이다. 노희경 작가님의 로맨스 코미디는 다른 로맨스 코미디보다 더 솔직하고 화끈한 것 같다. 처음 대본을 읽고 나서 너무 경쾌하고 재미있었다. 기존 노 작가님의 작품과는 조금 다른 느낌이었기 때문이다. 재열이와 해수의 로맨스는 연애 초기부터 팽팽한 긴장감이 끊이지 않았다. 둘 사이의 멜로도 아주 리얼했다. 만나기만 하면 싸우기도 했지만, 그 싸움을 통해서 그들의 사랑이 얼마나 뜨거운지를 확인하며 서로 감싸안고 치유해가는 과정의 이야기다. 촬영을 시작하면서 노희경 작가님이 "사람들에게 좀 더 가까워질 수 있는 드라마를 만들어보고 싶다."라고 하셔서 열심히 했다. 늘 작가님의 작품에는 미처 우리가 생각하지 못했던 묵직한 주제가 담겨 있고, 한번쯤 스스로를 돌아보게 만든다. 그것이 이 작품의 매력이 아닐까 한다.

우리 시대를 대표하는 배우들과의 추억

함께했던 배우들과 다른 작품에서도 또 만나고 싶다. 그만큼 모두와의 호흡이 좋았고, 홈메이트 같은 선배 그리고 귀여운 동생들이 있어서 현장에 있는 것만으로도 너무 즐거웠다.

'조인성'이라는 배우와의 호흡

해수와 재열 커플을 '해열제 커플', '염장 커플', '불꽃 커플'이라 명명하는 기사를 봤는데, 그 별명들 하나하나가 너무 재미있었다. 해수와 재열의 호흡이 좋았다는 의미이기도 하니까. 조인성이라는 배우와의 호흡도 좋았다. 여배우라면 누구나 한번쯤은 함께 연기를 하고 싶은 배우라고 생각한다. 그동안 인연이 되지 않아 호흡을 맞춰본 적이 없었는데 이번에 같이 하게 돼서 좋았다. 사실 촬영하기 전까지만 해도 조인성이라는 배우는 까칠하고 개인적일 거라고 생각했다. 그런데 실제로 만나보니 배려심이 깊었다. 현장에서도 나를 많이 챙겨줬고, 따뜻하면서도 끈끈한 의리도 있었다. 그러다 보니 자연스레 호흡도 좋아지고 서로에게 긍정적인 에너지로 작용한 것 같다.

사랑을 하면서 변화해가는 '지해수'라는 여자

지해수라는 인물이 좀 색다른 정신과의사라는 캐릭터로 보이기 위해서는 어떻게 해야 할까라는 고민을 많이 했다. 스스로 넘을 수 없는 큰 트라우마가 있지만 병원에선 완벽해 보이고, 또 홈메이트들과 함께 사는 집에 와서는 정리정돈이 잘 안 된 '헝클어진 지해수'를 각인시키려고 노력했다. 지해수는 두 남자와 살면서 집에서는 거의 하의실종으로 맘껏 돌아다니고 머리도 항상 헝클어져 있다. 그러면서도 병원에서는 그토록 냉철하고 말끔한 정신과의사인 캐릭터이다. 이 둘 사이를 오가는 지해수라는 인물을 어떻게 표현할까에 대해서 연구했다. 지해수는 남자들과 사는 집에서 남자들의 판타지라는 셔츠만 달랑 입고 구겨져 앉아 있지만, 사실 남자와의 첫 관계조차 불가능한 여자였다. 하지만 사랑을 하면서 변화해가는 모습을 보여주는 것이 중요하다고 생각했다.

지해수 vs 인간 공효진

지해수라는 인물이 가진 성향은 대부분 나도 가지고 있는 성향이다.

상황에 따라 극대화되기도 하고 드라마틱해질 때도 많지만, 어쩌면 자꾸자꾸 변화해가는 나의 모습이라고 생각한다. 서른네 살 공효진과 지해수는 많이 닮아 있다. 물론 연애 초보 티 나는 질투, 의심은 나에겐 없지만. 지해수를 연기하면서 그녀는 '참 싸울 일들을 만드는, 정말 누군가를 처음 사랑해보는 여자구나.'라고 생각했다.

지해수를 연기할 때의 어려움

연기할 때 힘들지는 않았다. 드라마가 진행될수록 캐릭터가 성장하고 변해갔다. 이 드라마는 '지해수'라는 인물로 연기하기 즐거운 판이었다. 단지 나는 너그러운 편인데, 지해수의 까칠함이 실제의 나와는 달라서 어느 정도로 해야 밉지 않을지 수위 조절에 대한 고민이 있었을 뿐이다.

내 마음속 명장면

오키나와 베드신이 아닐까 한다. (웃음) 그 장면은 해수와 재열의 첫 베드신이다. 어렸을 적부터 해수를 괴롭히던 트라우마를 서서히 극복하게 된 계기를 담아낸 장면이다. 그리고 두 사람의 상황과 오키나와 풍경들이 절묘하게 어우러져 너무도 아름답게 화면에 담겨 오랫동안 기억에 남는 명장면이다. 특히 바다를 배경으로 서서 키스한 장면이 압권이었다. 조명팀이 바다에 달빛을 만드는 생고생을 해서 탄생시킨 명장면인데, 달빛에 일렁이는 바다와 연인의 모습이 아름답게 어우러져 나뿐만 아니라 많은 이들의 기억에 남을 것이다.

트라우마나 스트레스에 대처하는 '나만의 힐링법'

아마도 그것이 자신의 트라우마인지 병적 현상인지 인지하지 못하는 경우가 대부분일 듯하다. 그저 특이한 특징이나 습관 정도로만 여기고 살아가는데, 이에 대해 확실히 인지할 필요가 있다. 그것이 힐링의 첫 번째 단계라 생각한다. 타인에게 피해가 안 간다면 귀여운, 그 사람만의 특징이 될 수 있지만 타인이 힘들어한다면 병원에 가서 확인받길 바란다. 힐링은 바로 치료가 아닐까.

내 마음속 명대사

14부에서 재열의 병실에서 하는 대사다. 그중에 "내가 나가도 부르지 마. 그래야 내가 너한테 또 와." 그리고 하나를 더 꼽자면, 8부에서 재열을 바라보며 하는 대사가 잊히지 않는다. "자유로운 니가 좋다."

공효진이 정의하는 '사랑'

극중 재열이 이야기한 것처럼 '사랑은 뭔가를 포기하는 게 아니라 뭔가를 해내는 것!'이라 생각한다.

앞으로의 계획

당분간은 재활치료가 우선이 될 것 같다. 드라마 촬영 기간에는 재활

치료에 집중할 시간을 할애하지 못했다. 올해에는 열심히 재활치료를 해서 원래의 내 몸 상태를 만드는 것이 가장 중요할 것 같다. 그런 다음 차기작으로 만날 수 있을 것 같다.

독자들에게 전하는 메시지

많은 분들이 응원해주고 함께해주셔서 정말 큰 힘이 됐다. 〈괜찮아 사랑이야〉라는 드라마를 통해서 내 인생 최고의 팀, 배우들, 대본을 만났다. 이 감격은 오래도록 지속될 것 같다. 오래오래 기억되고 회자되는 작품을 만났다는 사실에 감사하다. 끝이 있으면 곧 시작이 있으니 다음 작품으로 돌아올 때까지 기대해주시길…….

2014년 9월 공효진

台独播发表会
방송 발표회

드라마스페셜
alright, This is love
매주 수·목 밤
파크랜드
coffeesmith

土豆
YOUKU 优酷

Quizas

선사하는 또 다른 사랑 이야기
름답지만 가장 어려운 사랑에 관한 이상
심리소
은 남편이 남긴
, 그들의 사랑에
가?
열 바 라 기

coffees
esmith
ith
esmith

FITCH

TAKE ME

FITCH

SBS드라마스페셜
괜찮아 사랑이야
2014.7.23 WED.10:00pm 첫 방송!
KONGHYOJIN
매주 수·목 밤 10:00

우리가
그렇게
이상해?
SBS드라마스페셜
괜찮아 사랑이야
매주 수·목 밤 10:00 방송
2014.7.23 WED.10:00pm 첫 방송! 기획 SBS 제작 GT 극본 노희경 연출 김규태
조인성 공효진 성동일 이광수 도경수 진경 양익준 차화연 김미경 이성경 도상우 태항호 최승경 최문경 특별출연 윤진이 기획 김영섭 제작 김규태 최진희 박지영 제작총괄 배종병 이동규

출연

	조인성 공효진
	성동일 이광수
	도경수 진 경
	양익준 차화연
	김미경 이성경
	도상우 태항호
	최승경 최문경
	한정현 박수영
	김민재 이서준
	명종환 정지원
아역	노태엽 성유빈

제작팀

책임 프로듀서	김영섭
극본	노희경
제작	김규태 최진희 박지영
제작총괄	배종병 이동규
제작프로듀서	장정도 김성민 이정묵
기획프로듀서	최원우
사업총괄	김현성
마케팅총괄	유봉열
마케팅프로듀서	채지탁 김미주 강재혁 김나경
	성근용 황설아
제작관리	홍수경

촬영팀

촬영감독	김천석 최범수
촬영1ST	박초연
촬영팀	차효빈 최사무엘 이다성 박종준

조명팀

조명감독	박 환
조명1ST	김민수
조명팀	홍초롱 김종수 윤원섭 박형민 최재환
발전차	창조발전기
조명크레인	형만복
동시녹음	구본경 최지훈 이준무
그립팀	addic TV 최요셉 전강진 김완섭
지미짚	이동진 이은일 김영중 지윤구
헬리캠	시네드론 이현수 이민영 이민재

미술팀

미술	퍼니테일
미술감독	서명혜
아트디렉터	강동훈
미술팀	윤재원 양지은
세트	나모아트 김남호
세트제작	남천석 서홍길
작화	문형수
세트진행	장경배 김세홍

소품팀

소품	앨리스데코
공간스타일링	신성선 문성해
공간스타일링팀	박은선 고정연 안다영
소품진행	신순옥 박정주 최아라
소품차량	이용석

의상/분장팀

의상	I AM 홍수희 이정은
의상차량	한상철
분장	메이크업스토리 최경희 최상미
미용	메이크업스토리 차보라

무술감독	홍상석
무술지도	이병진
특수효과	송석문 박인환 성희경 고기환
보조출연	한강예술 이종민 서영준
캐스팅	최연희
아역 캐스팅	박소영
렉카	우금호
버스	유진네트 장호정
연출봉고	남산렌트카 허정태
카메라봉고	남산렌트카 전진광
대본	슈퍼북 한동민
편집	김향숙
편집어시스턴트	현경미 김형중
테크니컬슈퍼바이저	알고리즘 조희대
DIT	김경희 곽선구 김자남 마현민
타이틀 제작/특수영상	mindpool 조봉준 김주성 김률호 김준호 박성용 김창연 박보람 채리나
예고	정다영
Colorist	Creative Image Company 노학민
Assist Colorist	유연수
Colorist Team	김상민 고원석 조진배 강이슬 조혜림 조훈형 함재민 고대현 강나래
UHD 컬러그레이딩	CJ파워캐스트
Executive Director	현상필
Lab Manager	윤준호
Digital Colorist	최진숙 임진택

음악

음악감독	최성권
음악효과	최경민 손주광
음악	정용국 박준수 김지수 배보람
OST 제작	CJ E&M 음악사업부문 가지컨텐츠
OST 프로듀싱	송동운 최성권

사운드디자인	모비사운드 박준오
음향효과	모비사운드 김세라 이민우 이영희 이수진
종합편집	장 철
종편CG	이승연
CG	최영하
SBS홍보팀총괄	목준균
SBS홍보팀	조성훈 이일환
SBS홍보사진	서창식 김연식
외주홍보	쉘위토크 심영 이신란 이수하
SBS웹기획	권민아
SBS웹제작	김비치 류재환
SBS웹운영	황민희
SBS스틸	안경훈 김은정
SBS메이킹	송영은
SBS콘텐츠제작	김현지 박수정 강유진
캘리그래피	전은선
포스터디자인	프로파간다 최지웅 박동우 이동형
포스터사진	인연스튜디오 박상무
스틸	스완스튜디오 김승완
메이킹	스완스튜디오 정다운 정진희
의료자문	국소담 선생님 이재원 선생님
의료촬영협조	차주엽
보조작가	이경향 이성희
스크립터	박은빈
로케이션디렉터	박성민 김혜림
FD	노수환 신동훈 임명훈 김효미 박경순
조연출	장양호 이효선
연출	김규태

괜찮아 사랑이야 드라마 에세이

1판 1쇄 인쇄 2014년 9월 23일
1판 1쇄 발행 2014년 9월 30일

극본 노희경
연출 김규태
제작 CJ E&M GT ENTERTAINMENT

발행인 양원석
편집장 송명주
책임편집 권은정
해외저작권 황지현, 지소연
제작 문태일, 김수진
영업마케팅 김경만, 정재만, 곽희은, 임충진, 장현기, 김민수, 임우열,
윤기봉, 송기현, 우지연, 정미진, 윤선미, 이선미, 최경민

펴낸 곳 ㈜알에이치코리아
주소 서울특별시 금천구 가산디지털2로 53, 20층 (가산동, 한라시그마밸리)
편집문의 02-6443-8854 구입문의 02-6443-8838
홈페이지 http://rhk.co.kr
등록 2004년 1월 15일 제2-3726호

ISBN 978-89-255-5372-6 (13800)